CRECIMIENTO INTERPERSONAL

Más allá del Crecimiento Personal

PABLO PALMERO SALINAS

El autor acepta y agradece las donaciones económicas como reconocimiento y apoyo a su tarea divulgativa (existe una página habilitada para este fin en su web), así como la colaboración con terceros: edición, comercialización, difusión, traducción, representación, patrocinio, etc.

Corrección gramatical, estilística y conceptual: Isabel Moros Garcia
Revisión: Ester Palmero Salinas
Diseño de cubierta: Isaac Ballesté Martorell - Cocreativa.com

ⓒ Pablo Palmero Salinas
© 2012 Bubok Publishing S.L.
1ª edición setiembre de 2012 - V1.1
ISBN: 978-84-686-0265-3
Registro de la Propiedad Intelectual GI-0432-2011
Código Safe Creative 1202141079917
Impreso en España por Bubok / Printed in Spain by Bubok

Web del autor: **Pablopalmero.com**

Pablo Palmero está licenciado en Psicología por la Universidad Autónoma de Barcelona. Ejerce como psicoterapeuta en Olot (Girona, España) y es co-creador de la propuesta "Experiencias de Relación", talleres vivenciales intensivos donde se explora la manera de relacionarse con uno mismo, con el entorno y con los demás.

Ha escrito artículos de psicología para diversas revistas de salud y ecología, y es autor del libro "Los pilares del corazón" (publicado previamente por Zenith/Planeta con el título "Dime cómo te relacionas y te diré quién eres").

Más información y todos sus libros online en:

Pablopalmero.com

ÍNDICE

Agradecimientos

Quiero agradecer a mi amiga Marga Gómez el aliento que me ha infundido con sus sinceros y entusiastas gestos de reconocimiento. A Antonio Ripoll por su ternura y complicidad cuando más lo necesitaba. A Marc Costa por ser fuente de inspiración en la manera de entender y tratar a las personas. A Montserrat Crehuet por ayudarme a encontrar mi propio camino y ofrecerme la comprensión y el apoyo afectivo que necesito. A la gente de la editorial Bubok por su filosofía de trabajo y el trato amable y cercano. Y también y especialmente, a mi pareja Isabel Moros. Durante el proceso de creación me ha ayudado a clarificarme y retomar la dirección. Su colaboración como revisora conceptual y estilística ha sido clave una vez más, en la realización de la presente obra.

Mis creaciones, aquello que sucede a través mío, lo es en virtud del cariño que recibo y siento hacia los que me rodean. Cuando permanezco en contacto conmigo y con ellos me relajo y comparto, cuando no, me cierro y desvarío. ¿De quién es pues el mérito? Lo más adecuado sería tal vez, atribuirlo a las virtudes que compartimos y al amor que hemos recibido y entregado. Y más allá de nuestra limitada historia personal, también al amor acumulado a lo largo de todas las generaciones humanas y no humanas que nos alumbran. ¿No es acaso la evolución una tarea individual y conjunta, marcada por todos los que nos sentimos comprometidos con esta búsqueda?

INTRODUCCIÓN

En las últimas décadas el interés por las temáticas psicológicas ha crecido extraordinariamente y somos muchos los que nos atrevemos a pronunciarnos y ocupar espacio en las estanterías. Paradójicamente, las líneas de conocimiento psicológico son tan numerosas como las confusiones, las incoherencias y las contradicciones que reinan al respecto.

Si antes del boom del Crecimiento Personal las terapias psicológicas oficialmente reconocidas se contaban por decenas, tras la hibridación con la filosofía, la espiritualidad, el orientalismo, el ocultismo, las terapias energéticas, corporales, artísticas o las nuevas técnicas de optimización del rendimiento empresarial, las propuestas se contabilizan por cientos... miles. ¿Cómo orientarse en este océano de ofertas? ¿Cómo identificar los beneficios y los límites de cada planteamiento?

El exceso de información se ha convertido en una nueva forma de desinformación. A diferencia de lo que sucedía en otros tiempos, donde lo complicado era acceder a ciertos conocimientos, estamos en un momento en el que los árboles no nos dejan ver el bosque. Tendemos a acumular conocimientos de forma compulsiva, convertidos en obsesos buscadores de la felicidad; pero de nada sirve disponer de mucha información si no sabemos en qué, cuándo o cómo aplicarla. Esta ávida propensión acostumbra a desembocar en una variopinta mezcolanza de ideas y directrices difíciles de encajar y digerir. Un basto acopio de conceptos interesantes y fascinantes que a la hora de la verdad suelen resultar inconsistentes para afrontar las cuestiones cotidianas más apremiantes, especialmente las de carácter relacional.

¿Qué busco? ¿Para qué quiero esta información? ¿Cómo va ayudarme en mis necesidades diarias y de convivencia? Son algunas preguntas que podrían ayudarnos a reflexionar antes de embarcarnos en una nueva cacería informativa.

Aunque la actual accesibilidad a conocimientos de carácter psicológico y espiritual ha crecido enormemente, el nivel de insatisfacción sigue siendo alto. El estado de las relaciones afectivas es uno de los índices más claros al respecto; la manera de estar frente a la crianza, la educación, la familia o las relaciones de pareja... Las vinculaciones son lábiles y las rupturas devienen con facilidad. La soledad y el aislamiento se erigen como refugio y prisión. Desde el descontento buscamos soluciones en una autocomplacencia que prescinde de la creación de lazos profundos. A pesar del auge popular de las temáticas de autoayuda y movimientos humanistas, seguimos resignados y deshumanizados.

Nuestra falta de respeto hacia la tierra es otra señal que evidencia la necesidad de un cambio de rumbo. Los intentos ecológicos son lentos, patosos y en muchos casos devienen en nuevas formas de mercantilismo explotacionista. Está claro que estamos perdiendo de vista ciertas cuestiones esenciales; algo se nos escapa de las manos.

El campo de la autoayuda padece la misma tendencia especulativa que sufrimos en el área de la economía: ¿Cómo obtener mucho sin apenas comprometerse? Buscamos "el cambio" utilizando como punto de apoyo fórmulas y estrategias pueriles. Fantaseamos con grandes transformaciones a costa de una autogestión de corto recorrido. Invocamos los milagros blandiendo gestos y rituales ungidos en la superstición. La búsqueda de "El Dorado" se repite una y otra vez.

El ámbito de la Psicología, al igual que tantos otros, también sucumbe a las leyes del mercado. Los consumidores queremos productos y soluciones estimulantes, efectivas, rápidas y a ser posible... gratis. En el campo de las humanidades y la salud esto ha desencadenado un exponencial auge en las ofertas y de forma correlativa, un empobrecimiento de las mismas. Una urgencia interventiva acelerada y desesperada se ha instalado en la ayuda psicoterapéutica. El "furor curandis" nos invade. Pero las virtudes humanas no pueden de ninguna manera someterse al ritmo de los mercados... no, sin ser antes aniquiladas. Los procesos terapéuticos, al igual que el desarrollo de las criaturas, si son forzados conllevan siempre consecuencias negativas.
Necesitamos sentir que el tiempo corre sin prisa y que quien nos asiste, nos acompaña tranquila y gustosamente. Los procesos de transformación requieren tiempo. Un tiempo para conocerse a uno mismo, un tiempo para conocer y vincularse con el terapeuta; un tiempo para sentir qué nos sucede, cómo nos sucede y porqué; para descubrir los propios intereses y la propia manera de ser. Un

tiempo para salir al mundo, para expresarse, para reencontrar el consuelo y la dirección, para equivocarse... para volverlo a intentar. Por experiencia, sé que las personas implicadas en procesos terapéuticos profundos largos acostumbramos a ser cuestionadas con desdén. No sólo no recibimos el apoyo que necesitaríamos para tan delicada travesía personal, sino que nos toca lidiar además con palos en las ruedas. La dinámica social tendente al efectismo y las soluciones "quirúrgicas" es muy fuerte.

A la vista de la situación, más que conocernos, parece que lo que queremos es simplemente, deshacernos cuanto antes y como sea del sufrimiento.

Como las ofertas milagrosas abundan, vagamos buscando atajos que a la hora de la verdad nunca llegan. Todos esperamos encontrar ayudas maravillosas a precio de saldo, del tipo: "Cambia tu vida en treinta días". Parece un anuncio cómico, pero eslóganes como estos siguen vendiendo a mansalva. Este es un ejemplo extraído de una página de internet: "Cómo cambiar tu vida en 30 días usando la Ley de la Atracción" y prosigue... "Incluye chequera para 30 días y salas de relajación virtual. Las personas que usen el secreto crecerán en todos los aspectos. En él se revela la formula exacta para adquirir: Éxito, riqueza, salud, fama, fortuna, amor, y todo lo que podamos desear. Cómo cambiar tu vida en 30 días usando la Ley de la Atracción está disponible para "descarga inmediata" y tiene un coste de $39.90". Increíble: ¡¿Quién no quiere ser eternamente feliz en treinta días y por sólo 39.90 dólares americanos?!

El "bricolaje emocional" al estilo Ikea se ha extendido con profusión en la Psicología de Autoayuda: "Móntalo tú mismo y en tu propia casa". Pero hay algo que no podemos pasar por alto, una cosa son los muebles y otra los sentimientos. Si intentamos aplicar la misma filosofía a las personas que a los objetos tendremos una buena estrategia comercial, pero nos arriesgamos a traspasar inadvertidamente la línea que delimita las buenas intenciones del engaño.

La televisión es otro de los medios que desvirtúa la función de la Psicología. Ya hace un tiempo que está de moda invitar al circo mediático a personas, que se dedican a dar consejos de carácter generalista y a ondear fórmulas psicoformes de dudosa ética, para educar a los niños y jóvenes. Nos resulta obvio que un profano no debe operar en una intervención quirúrgica, pero las injerencias en el campo de las humanidades se aceptan como algo absolutamente normal.

A los profesionales del gremio nos toca asumir nuestra parte de responsabilidad frente a esta comercialización y degradación de la función de la Psicología. Por lo general falta una comprensión sistémica y evolutiva sólida, y en la práctica, los roles y las distancias con el paciente, entorpecen la entrega y el contacto. El vínculo terapéutico, opacado por la técnica, sigue sin ocupar el lugar central que le corresponde.

Si finalmente, los psicólogos nos dedicamos meramente al "consejismo" y a las "recetas de comportamiento" ¿Porqué no va a hacerlo el resto?

17

Considero imprescindible que cada profesional pueda explicitar con claridad en qué problemáticas se centra, cuáles son sus objetivos y cuáles sus medios. Conocer y exponer las propias limitaciones es la mejor garantía de calidad que podemos ofrecer, y nos dignifica como profesionales y como personas. Los clientes tienen derecho a saber qué pueden trabajar con nosotros y qué no. Tenemos la obligación de no llevar a engaño. La mejor manera de salir de esta banalización de la Psicología es ser claros a la hora de brindar nuestro servicio. No podemos proveer milagros porque no los hacemos, pero sí honestidad, y eso... tiene mucho valor; un distintivo que habría de servirnos sin duda, para diferenciarnos de otra clase de ofertas más "prometedoras".

Mi propósito para este libro

Uno de los objetivos de la presente obra es ayudar a identificar y reflexionar respecto a algunas fórmulas aceptadas, estandarizadas y totemizadas dentro del ámbito popular, la Psicología, el mundo de la Autoayuda y la Nueva Espiritualidad.

Este libro está enmarcado dentro de algo que podría ser denominado como "meta-ayuda". Una ayuda sobre la ayuda. Una reflexión acerca del tipo y la calidad del cuidado que buscamos y ofrecemos. Por este motivo, creo que puede resultar de especial provecho a profesionales, terapeutas, maestros y pedagogos que estén al servicio de las personas y quieran explorar otras formas de situarse frente a la asistencia.

Los que queremos ayudar lo hacemos de la mejor manera que sabemos; entregamos lo que conocemos y lo que nos ha servido. Pero si queremos encaminarnos hacia una sociedad fundada en el respeto a la naturaleza humana, tenemos que empezar a asumir que las buenas voluntades no son suficientes.

Pensamientos, emociones y decisiones están condicionados por nuestro pasado, por las defensas del carácter y por la presión de las inercias sociales; esto también ocurre en la manera de encarar la ayuda. En este escrito aporto puntos de vista provenientes del nuevo Paradigma Sistémico y la Psicología Psicodinámica y del Desarrollo, que deseo, sirvan para despejar la confusión que reina en el ámbito del Autoconocimiento. Espero así mismo, que sea útil para identificar y posicionarse frente a costumbres dañinas fuertemente arraigadas; tendencias que la mayoría, de un modo u otro, asumimos y fomentamos sin tan siquiera darnos cuenta. Desentrañar estas inclinaciones implica desenterrar heridas y daños asociados a la falta de amor. Por eso, quiero advertir a todos los que estén dispuestos a hacer una lectura sentida y reposada, que no se trata de un "viaje desde la barrera", sino de una aproximación a las diferentes formas de cuidado y de maltrato que hemos recibido y con las que seguimos hostigándonos.

Una crítica necesaria

Considero que la crítica constructiva es un paso indispensable para avanzar hacia una sociedad más humanizada. Desde esta certeza me voy a permitir la licencia de emplear ejemplos concretos, salvaguardando en la medida de lo posible la identidad de las personas o líneas implicadas. Algunos son de orden público, otros están recopilados de mi propia historia y otros, han sido extraídos del marco terapéutico, con el permiso de los pacientes y debidamente modificados para mantener el anonimato.

En cualquier caso, quiero aclarar que esta crítica no es sobre líneas y sistemas propiamente, sino que trata de las extralimitaciones, las actitudes y las formas en las que son empleados dichos enfoques.

Durante años recibí y estuve implicado personal y profesionalmente en diversos planteamientos de autoconocimiento, que poco a poco se me desvelaron insuficientes para afrontar las cuestiones relacionales y de convivencia. Con el tiempo he podido comprobar que esta falta de comprensión sobre las cuestiones afectivas se extiende por todas las rendijas de la sociedad. Una superficialidad suplida con fórmulas inoculadas durante la infancia, y que después repetimos y promovemos. Actitudes de bienintencionada apariencia, empleadas en muchas ocasiones como mordazas para mantener el precario orden personal y social.

Para realizar una crítica sólida y coherente he creído indispensable desarrollar con detenimiento algunos aspectos teóricos fundamentales que ayudan a comprender la naturaleza humana. Por tal de evitar la construcción de un nuevo castillo de arena (ya hay demasiados), he expuesto de forma clara y explícita los axiomas que desde mi punto de vista, han de regir la función de la Psicología. He acometido esta tarea de la manera más concisa y sencilla posible dentro de mis capacidades; confío en cualquier caso, que el lector que no esté interesado en indagar en estas cuestiones, se dirija directamente al resto de apartados. Deseo que el cuidado que he puesto en los matices conceptuales sea bien recibido por todos aquellos lectores con ganas de profundizar y sedimentar sus propias reflexiones.

Soy conciente que hurgar en las mentiras colectivas y personales que nos sostienen va a despertar reacciones dispares y probablemente contrapuestas. En esta ocasión, y como ya sucedió con mi anterior obra "Los pilares del corazón" (publicado previamente por Zenith/Planeta con el título "Dime cómo te relacionas y te diré quién eres"), asumo el riesgo porque valoro lo que está en juego: la posibilidad de evolucionar hacia un trato en la ayuda más amoroso y liberador.

LOS LÍMITES DE LA AUTOAYUDA

Un dragón de siete cabezas

Hay diferentes maneras de iniciar un proceso de autoconocimiento. En ocasiones empieza al intentar resolver algún tipo de malestar: ansiedad, angustia, inseguridad, somatizaciones, problemas relacionales, sexuales, de pareja... En otras, es debido a inquietudes existenciales: el amor, la consciencia, la comprensión, la verdad, la fuerza, la libertad, la paz interior, el descubrimiento de potenciales... Normalmente sin embargo, es la mezcla del malestar y de estos intereses lo que nos lleva a querer profundizar en quiénes somos y qué nos pasa. Empezamos así a adquirir comprensiones nuevas y liberadoras; a incorporar otras formas de experimentar la vida. Y como siempre sucede al perseverar en cualquier práctica o línea de conocimiento, llegados a cierto punto, aparecen las resistencias y las dificultades. Querríamos amar más pero sentimos temores y recelos. Desearíamos comprender mejor pero la confusión nos domina. Sabemos que lo importante es disfrutar de los pequeños detalles, pero ¡maldita sea! ¡Esa mosca no deja de molestar! Aparecen enemigos con los que no contábamos; demonios de culpa y recriminación. Fantasmas que atan el pasado y el presente con sus oxidadas cadenas. Huéspedes invisibles que agitan las emociones y los pensamientos. Redoblamos el empeño, nos erguimos con osadía y un tesón encomiable, pero el enemigo es más grande, más fuerte, más listo. No se puede luchar contra un dragón al que le cortas la cabeza y le salen siete.

Problemas laborales, imperativos económicos, enfermedades, debacles sentimentales, recaídas en viejas tendencias autodestructivas, obsesiones, compulsiones, soledad... La vida continúa al margen de nuestros conflictos y luchas internas, y lo que desearíamos que fuese dista mucho de lo que es. Los ideales que nos habíamos propuesto van tensando el vínculo que nos une a la realidad. El camino que empezó como autoayuda se convierte en huida hacia adelante. Sin a penas darnos cuenta perdemos el verdadero sentido del cuidado.

Del dicho al hecho

"Ser uno mismo" debería ser la principal referencia para cualquier línea de autoconocimiento. La autenticidad está más allá de la comparación; significa estar con lo que nos sucede, tal y como lo sentimos. Ahora bien... ¿Cómo estar en paz cuando estamos repletos de autorechazo, conflictos y confusión? ¿Cómo saber qué queremos cuando apenas tenemos contacto con nuestras sensaciones y sentimientos? ¿Cómo ser uno mismo cuando hemos tenido que renunciar a quienes éramos para ser aceptados por los demás? ¿Por qué buscar la espontaneidad cuando los mayores daños fueron recibidos precisamente, al mostrarnos de manera abierta y sincera?

Intentar sentirse, lejos de ser un paseo bucólico, implica también entrar en contacto con contradicciones y heridas; adentrarse en daños profundos que atentan contra la identidad.

Las problemáticas humanas son complejas y están repletas de recovecos y callejones sin salida. Aunque sobre el papel son cuestiones relativamente sencillas y fáciles de entender, sobre el terreno el proceso es delicado y arduo. Este es el motivo por el que tropezamos tantas veces con las mismas piedras, con los mismos errores y desencuentros sentimentales, y por lo que, con los años, acostumbra a instalarse en la mirada y el corazón una sensación de decepción, amargura y fracaso.

Acompañar a alguien en su camino hacia el bienestar significa estar dispuesto a recorrer hondonadas y veredas oscuras y pedregosas.

Para atender el sufrimiento en cualquiera de sus vertientes no basta con querer, también hay que poder.

Estrategias del pasado

Desde la desesperación tendemos a buscar respuestas en los lugares que conocemos. Cuando perdemos las llaves de casa insistimos una y otra vez en registrar el mismo cajón donde ya hemos comprobado tres veces que no hay nada. "Tal vez ahora sí estén", creemos. El miedo y la urgencia nublan el proceso lógico y las conductas y reacciones estúpidas no tardan en llegar. A veces buscamos donde se supone que deberíamos encontrar, independientemente de la constatación de que en esta ocasión, allí no haya nada. El problema se complica cuando lo que buscamos no es concreto como unas llaves, cuando se trata por ejemplo, de aceptación, consuelo, cariño, comprensión o desahogo. No es tarea fácil buscar desde la desesperación algo que ni tan siquiera sabemos que es. La tendencia más frecuente es recurrir a viejas estrategias, aquellas que de una manera u otra nos han servido en el pasado para sentir una cierta sensación de control sobre nuestra vida. Es debido a esto, que de forma más o menos evidente, repetimos las mismas fórmulas de supervivencia. A nivel social la situación es parecida; las formas cambian para amoldarse a los nuevos tiempos, pero la estrategia de fondo sigue siendo la misma: "¡Sálvese quien pueda!".

Una ayuda perjudicial

La concepción y las expectativas a la hora de buscar ayuda están fuertemente determinadas por el registro de cuidado que cada uno ha incorporado durante el proceso de vinculación afectiva. En general, la ayuda recibida en la familia tiene un sabor agridulce, porque con frecuencia y a pesar de las buenas intenciones, se entrega desde actitudes rígidas, poco sensibles y manipuladoras. El cuidado desde aquí no sólo no tranquiliza, sino que incrementa la sensación de malestar y desamparo. Consejos y sermones moralizantes, desafortunadas comparaciones como "tu hermano nunca se queja y tú no paras de hacerlo"; justificaciones de apariencia comprensiva que amparan a los demás y nos desamparan a nosotros: "tienes que entenderlo... papá te ha insultado porque hoy está muy nervioso por el trabajo". Quitarle importancia a lo que sentimos: "venga que no es para tanto", "no seas exagerado", "eres demasiado sensible"...; amenazas: "como no dejes de llorar te voy a dar motivos para hacerlo", y toda suerte de manipulaciones, broncas y castigos, empleados supuesta y bienintencionadamente, "para nuestro propio bien".

Como adultos, abrirse de nuevo a la ayuda acostumbra a resultar un proceso difícil y penoso. La resistencia interna es enorme. Se trata de volver, voluntariamente ahora, a un lugar del que salimos resentidos y escarmentados. Por todo ello, la recuperación consciente del daño que tenemos asociado al cuidado ya es, en sí mismo, un proceso que aclara y pone de manifiesto el porqué de nuestro distanciamiento y desmotivación a la hora de relacionarnos con los demás.

El cuidado proscrito

El bebé es genuino. No hay fisuras entre sus emociones, pensamientos y cuerpo. Muestra lo que le sucede de manera directa y abierta; con sinceridad e integridad. Si lo atienden bien siente placer y tranquilidad, sino, frustración y malestar. ¿Qué hace que perdamos esta autenticidad?

Las necesidades propias para la vinculación y el desarrollo madurativo, especialmente en lo afectivo, no se atienden como debieran.

La presencia continuada y consistente de los padres, así como la transmisión de seguridad, nutrición afectiva y apoyo en función de la necesidad de los pequeños, son consideradas cuestiones menores y prescindibles; subordinadas negligentemente a decisiones prácticas, laborales, morales y protocolarias de diversa índole. Durante este periodo de natural dependencia, los adultos, lejos de intentar adaptarse a las necesidades y las capacidades de los niños, tienden a exigirles con prontitud una adecuación a sus "racionales demandas". El cómo, el cuándo, el ritmo, la valoración de lo que es importante y prescindible... casi todo acaba ciñéndose a un criterio alejado de los requerimientos biológicos propios del desarrollo madurativo y afectivo.

Los avances médicos han permitido llevar esta manipulación de los ritmos naturales hasta el origen mismo de la vida humana. Mediante las inseminaciones artificiales y fecundaciones in vitro, el proceso de concepción se salta unos cuantos pasos y cribajes biológicos, convirtiéndose en un acto de "eficacia interventiva". Para asegurarse el éxito y la amortización de la operación, queda justificada la fecundación de varios óvulos, aunque ello implique una elevada probabilidad de tener mellizos o trillizos. De manera más habitual le siguen pruebas e intromisiones en el espacio fetal de dudosa necesidad, cesáreas preprogramadas y partos acelerados y tecnificados que atienden más a las necesidades hospitalarias que a las del bebé. Destetes extremadamente prematuros; según la OMS éste debería producirse de manera natural y no antes de los dos años de edad; en la actualidad las criaturas con suerte maman hasta los 6 meses de edad, momento de finalización del permiso de maternidad. Atropello sistemático de la necesidad del descanso compartido del niño con los padres durante los primeros años de vida (colecho). Quebrantamiento de la consolidación del vínculo afectivo por la pronta inserción en guarderías (conviene saber que hasta los tres años aproximadamente, las criaturas requieren de la presencia continua de otros adultos de confianza, y no están aún predispuestos biológicamente para una verdadera socialización con otros niños de su edad). Sistemas educativos que fuerzan y desatienden las necesidades de lo que sería un proceso de aprendizaje natural y respetuoso con el desarrollo que nos es propio... Estos son sólo algunos ejemplos de un sinfín de alteraciones y manipulaciones sufridas e integradas como normales e inocuas (para más información, ver apartado "atentados contra la naturaleza humana" de mi anterior libro "Los pilares del corazón").

Por lo general cuando somos pequeños no se tienen suficientemente en cuenta las capacidades de que disponemos para amoldarnos a las exigencias de los adultos. Éstas aparecen de forma progresiva a medida que vamos madurando psíquica, emocional y físicamente. Cuando esto no es tenido en cuenta, vivencias como la responsabilidad, la cooperación o el cuidado, van quedando eclipsadas y pervertidas por la imposición; un sentido de la obligación y el deber asociados al sometimiento y el miedo a la agresión y el abandono. Pronto se nos pide que aprendamos a prescindir del apoyo: "¡Espabílate de una vez!". Más tarde nos lo refrendamos a nosotros mismos: "¡Tengo que espabilarme!". De mayores convertimos la "espabilización" en lema, y cuando pretendemos ayudar lo empleamos como espuela incuestionable: "Hay que espabilarse", "todo depende de uno"...

Al pretender acelerar el desarrollo de las capacidades madurativas de los niños desoyendo su ritmo y empleando la coacción, éstos reaccionan con las mismas actitudes; intentan imponerse y controlar la situación mediante diversas estrategias, desembocando irremediablemente en una trágica lucha parricida. Las actitudes demandantes, los berrinches y las trifulcas por cuestiones aparentemente irrelevantes, esconden un sufrimiento que habla de su desesperada lucha para lograr lo que precisan a nivel instintivo y afectivo. Estás reacciones, desconectadas de unos afectos que ya no pueden sentir conscientemente, lejos de ser escuchadas y reconducidas, acostumbran a ser tomadas por los adultos como una nueva justificación para aumentar con más saña si cabe, el control hacia ellos.

Para amar a los hijos las buenas intenciones no son suficientes. Hace falta sentirlos y darles lo que realmente necesitan y no lo que creemos y presuponemos. La dificultad para crear vínculos estables y consistentes y los malentendidos en la comunicación son las consecuencias más llamativas de esta prematura falta de amor.

Existe un gran desconocimiento de este tipo de cuestiones, pero lo más preocupante es que tampoco parece haber demasiado interés por conocerlas. Es más, hablar de estos temas acostumbra a considerarse "políticamente incorrecto" y ofensivo; tratado como una exageración, ¡¿Quieres decir que es para tanto?! La tendencia consensuada es por contra, focalizar el problema en la manera de ser de los pequeños, sobre los que no hay ningún inconveniente en demonizar: ¡El problema es que tienen demasiadas cosas! ¡Están demasiado consentidos! ¡Lo que necesitan es más mano dura!

Estamos muy lejos de conocer las necesidades afectivas propias de la naturaleza humana, y la manera en que criamos a nuestros hijos es el ejemplo más claro y dramático. Reproducimos las mismas carencias a través de las generaciones, creando estructuras de personalidad enfermas y sistemas sociales inhumanos y explotacionistas. Podemos pasarnos toda la vida quejándonos sobre la "injusticia humana" sin querer conocer de verdad, cómo y por qué hemos llegado hasta aquí. Las respuestas a estas preguntas no son complicadas, pero sí dolorosas; implican sentir el daño que hemos acumulado en el corazón. Por eso, estas sencillas, lógicas y fundamentales cuestiones continúan ignoradas en la mayoría de planteamientos de autoconocimiento.

El origen del mal

A través de las relaciones vinculares aprendemos a relacionarnos con los demás y con nosotros mismos. La manera que tienen de tratarnos, las comprensiones que nos dan de lo que nos sucede, la forma cómo responden a nuestras necesidades... Mediante esta clase de experiencias vamos organizando la autopercepción, el diálogo interno y los patrones de relación. La mayoría de problemas psíquicos, emocionales y físicos se originan por consiguiente, en los procesos de vinculación. Paradójicamente, estamos empeñados en situar la resolución de estos malestares en cuestiones de otro orden (intelectual, filosófico, orgánico, energético, metafísico, dietético, astrológico, kármico…). El enorme rechazo que mostramos a encarar directamente las cuestiones relacionales, da medida de la magnitud de las heridas que albergamos.

Desde bien pequeñitos intentamos vaciar de contenido emocional las experiencias reiterativas de frustración y agresión por parte de los seres queridos, con el objetivo de olvidar y desactivar el maltrato recibido. Por su parte, cada sociedad ha desarrollado un sinfín de dispositivos religiosos, políticos, culturales y educacionales para continuar manteniendo y ocultando este tipo de males. Las estructuras personales, sociales y familiares se sostienen y retroalimentan para mantener esta gran farsa. Muchas de las líneas de Psicología y Crecimiento Personal, a pesar de autoproclamarse como movimientos alternativos, también inciden en esta misma dinámica de ocultación.

Para no seguir dando vueltas en círculos necesitamos atrevernos a encarar de forma directa y sin ambages los orígenes terrenales de esta lacra; cuestionar la calidad del amor que hemos recibido y replantearnos los valores y las prioridades que nos rigen como personas y como sociedad; posicionarnos e implicarnos frente a esta saga de inconsciente desatención que venimos traspasando de generación en generación.

"Valerse por uno mismo" es el leitmotiv por excelencia de la mayoría de corrientes de autoayuda. Pero parecemos olvidar que ser responsable del propio camino no significa tener que recorrerlo solo, sino dar respuesta a las propias necesidades, también a las afectivas. Necesitamos tomar consciencia y comprender, pero también deshacernos del mal acumulado, llenar vacíos y entregarnos, y eso... no podemos hacerlo solos.

Condiciones para la transformación

Tendemos a desarrollarnos de manera espontánea y natural cuando las condiciones externas son favorables, de lo contrario, percibimos el ambiente como hostil y nos replegamos encogiéndonos y reprimiendo nuestra vitalidad. Por ello, la gran pregunta no es tanto ¿qué debe hacer la persona para estar mejor? sino ¿cuáles son las condiciones más adecuadas para favorecer su evolución?

La semilla de la transformación reside en la manera de entregar la ayuda. Si olvidamos esto corremos el riesgo de perder el fondo tras las formas. Las técnicas, consejos o productos, no pueden suplir de modo alguno el trato amoroso. Sin este cuidado afectuoso nada cambia en el corazón, y tras los cambios aparentes, las heridas del alma persisten intactas.

En el siguiente apartado hablaré sobre algunas disposiciones que a mi entender son fundamentales para ofrecer una ayuda de calidad: la escucha, el respeto, la cercanía, la honestidad, la confianza y una buena comunicación. Haré una descripción de cada una de estas cualidades y un repaso por las tergiversaciones más habituales al respecto.

SEIS DISPOSICIONES ESENCIALES PARA LA AYUDA

Escucha

La escucha en una relación de ayuda es una disposición para intentar percibir lo que le sucede al otro de la manera más objetiva posible; una actitud de receptividad y apertura que requiere un estado de presencia y silencio interno, sin juicios ni interpretaciones.

Sin embargo, a pesar de ser piedra angular de la comunicación, la escucha es una de las cualidades que más escasean. En general, en la ayuda predominan las tendencias intervencionistas. Las técnicas, los comentarios, los consejos y las recetas ocupan el espacio y el tiempo de introspección y expresión que habría de servir para que la persona sienta qué le pasa. El énfasis en estos casos está puesto en cambiarla, no en conocerla ni en ayudarla a que se conozca a sí misma.

Esta es una escena habitual dentro del ámbito terapéutico: la persona llega a la consulta y empieza a explicar algo importante para ella, pero el terapeuta no para de interrumpirle y cuestionarle. Hace asociaciones intrascendentes, le cuenta anécdotas y le propone recetas. Acaba la sesión y la persona ni tan siquiera ha podido explicarse, y mucho menos sentir lo que en el fondo le angustiaba. Al acabar, se marcha con una sensación de incomodidad, pero está tan acostumbrada a que esto le pase que no sabe bien lo que ha ocurrido. No puede identificar que no ha sido escuchada; que no se le ha dado el espacio ni el tiempo para expresarse.

Algo muy distinto por ejemplo, a la experiencia que puede tener la persona que al llegar a la consulta se encuentra con un profesional que le despierta seguridad y calma; que con amabilidad, la invita a acomodarse en el lugar que le plazca, y durante el transcurso de la sesión, a través de su actitud de respeto y proximidad, le transmite interés, cuidado y comprensión.

Por lo general, y por lo que he podido atestiguar en mi práctica profesional, en estas situaciones la reacción más habitual es de aflojamiento. Y frecuentemente también, una mezcla de alegría y tristeza liberadora al encontrar una calidad humana durante largo tiempo anhelada.

A los terapeutas, nos toca asumir, al igual que al resto, que en este sentido también estamos muy maltrechos. Por ello, para poder acompañar sin dirigir, es indispensable que realicemos un proceso terapéutico personal, de revisión y limpieza de nuestra propia escucha.

Respeto

La palabra respeto proviene del latín *specere*, cuyo significado es mirar. *Re-specere* significa por tanto, "volver a mirar". Contemplar a la persona más allá de las apariencias, de manera clara; con pureza. Apreciar quién es, ayudándole a su vez a respetarse y a mirarse a sí misma. Respeto y reconocimiento van de la mano, pues para conocer y re-conocer a alguien es imprescindible querer verlo tal cual es.

El respeto es incompatible con el intervencionismo, con el deseo de cambiar al otro y con los juicios de valor. Supone valorar a la persona y sus condicionantes por encima de lo que "debería ser". Requiere disponibilidad para adaptarse a sus necesidades de tiempo, ritmo y espacio. Entraña una confianza intrínseca en su capacidad para encontrar su propio camino.

La noción de este bien inmaterial está diluida. Habitualmente entendemos el respeto como una actitud de obligación y acatamiento: "hay que respetar las normas de circulación"; de veneración: "su jefe es una persona muy respetable"; o de temor: "ese acantilado me da mucho respeto". En otras ocasiones el respeto se plantea como una especie de norma moral: "sé respetuoso con ese señor, dale las gracias".

La vivencia del respeto está contaminada sobre todo, por las vivencias recibidas durante nuestro proceso de crianza y educación. Recibimos atención en la medida en que nos adaptamos a lo que se espera de nosotros y se nos castiga cuando no lo hacemos. El interés abierto y sincero por conocer nuestra manera de ser y hacer apenas existe. Los adultos reproducimos el mismo patrón educando y pretendiendo ayudar del mismo modo. La vivencia del respeto se ha convertido en la práctica, en una actitud sumisa y automatizada desde la que soportamos lo que al otro le pasa, aunque calladamente nos vayamos enardeciendo. He aquí un ejemplo: Aurora llega a casa de su amiga resoplando y haciendo aspavientos. ¡No puedo más! clama. Su amiga le pregunta qué le ocurre, y ella responde ¡Es que tiraría el móvil por la ventana! ¡Quién me iba a decir que acabaría odiando esta máquina! ¿Cuál es el problema? ¡Qué no me dejan en paz! ¡Me paso todo el día recibiendo llamadas! ¿Y qué pasa si lo apagas durante un rato? ¡¿Qué quieres decir?! Que porqué no lo desconectas cuando necesites descansar. Ella responde preocupada e indignada: ¡Pero no puedo! Porque si me llaman y no contesto, luego qué explicación les voy a dar. ¡Eso es una falta de respeto!

Aurora cree que debe estar siempre disponible para los demás. Confunde el respeto con pasarse por encima, que es lo que ha vivido toda su vida.

El grado de respeto hacia los demás depende del que tenemos hacia nosotros mismos, y éste a su vez, está muy determinado por el reconocimiento y la aceptación que hemos recibido durante nuestro crecimiento. Afortunadamente, más allá de los condicionamientos socio-históricos y familiares, como adultos podemos continuar incorporando y cultivando nuevos y saludables registros de respeto; un lugar especialmente propicio es precisamente, a través de la relación con aquellos que nos asisten en nuestro proceso de transformación.

Cercanía

La cercanía en la ayuda es una disposición hacia el contacto. Un deseo de aproximarse al otro para sentirlo. De tocar y dejarse tocar intelectual, emocional y físicamente. De acortar las distancias para conocer y darse a conocer.

Cuando es sincera transmite aceptación, acogida y confianza. Nos sitúa en un trato de igual a igual, de persona a persona, sintiendo que más allá de las problemáticas concretas compartimos necesidades y objetivos.

En el ofrecimiento de ayuda siguen primando los roles, las "distancias prudenciales" y el "no implicarse demasiado"; la virtualidad, los métodos, técnicas y curaciones a distancia; la sutilidad energética desde la que no hace falta tocar al paciente. Las operaciones astrales, los libros de autoayuda y las fórmulas para "hacerlo en tu propia casa". Las idolatrías y la adicción a los gurús emocionalmente inaccesibles. Nos hallamos seducidos por técnicas y refinamientos filosófico-terapéuticos que tienen más de comercial que de humano. Probamos suerte con todo tipo de sustitutivos que nos hagan sentir cerca de los demás, sin contar con los demás. Paradójicamente, invertimos gran parte de nuestra energía buscando y fantaseando con encuentros intensos y placenteros. La explicación a esta aparente contradicción reside en que es tan intensa la necesidad de contacto, como el temor y el rechazo que sentimos hacia él. Al intentar aproximarnos a las zonas de intimidad nos acercamos también al dolor sufrido, y con éste, a reacciones reprimidas como la desconfianza, la rabia, el asco o el desprecio. Entregar una ayuda desde la cercanía es estar dispuesto a atender el torbellino emocional que puede desencadenarse en el otro. Su rechazo, su miedo, su incredulidad, su odio, su destrucción...

Por eso, y para no incurrir en una proximidad de postín que a la hora de la verdad deje a la persona sola y confundida, se hace indispensable realizar un proceso personal con la propia oscuridad y las dificultades de contacto.

Honestidad

La honestidad en la ayuda es aportar y ofrecerse desde quien uno es. Entregar la propia verdad y querer la del otro. Hacer prevalecer la franqueza y la autenticidad en el trato. Primar la naturalidad y la sencillez evitando artificialismos e impostaciones. Procurar hacer llegar las cosas de forma directa y con la mayor simplicidad posible. Priorizar la veracidad. Para ser honesto hay que aceptarse a uno mismo. No es posible ser sincero cuando la energía está puesta en ocultar lo qué nos pasa.

Para ser honestos hay que conocer cuales son nuestras cualidades y capacidades, pero también los propios límites, porque quien los ignora corre el riesgo de hacer creer que puede ofrecer lo que no tiene.

Por lo general, en la ayuda tiende a prevalecer la distancia afectiva y los estilos prepotentes y misteriosos, autoacreditados por "altos niveles de consciencia y sabiduría". Impostaciones que no dejan espacio para la naturalidad ni para los sentimientos que nos unen.

Cuando los ideales acerca de uno mismo y la omnipotencia se instalan en la relación de ayuda, los que no comparten las mismas ideas son despreciados de manera más o menos confiesa. Encaramados en pedestales narcisistas es imposible reconocer al otro como persona; el trato se torna impersonal y en muchos casos deshumanizado. ¿Qué bien podemos hacer desde aquí, cuando la mayoría de nuestros conflictos se originan precisamente en haber sido tratados de este modo?

Desde lo vivido puedo decir que la mayor ayuda la recibo cuando las personas que me asisten se muestran desde su verdad, aunque ésta a veces, no corresponda exactamente a lo que yo necesito. Al compartir sus dificultades, límites y emociones se revelan ante mí de carne y hueso; "imperfectas" pero sinceras; humanas.

Confianza

La palabra confianza proviene del latín *fides*, cuyo significado es lealtad, y comparte la misma raíz etimológica que fidelidad. Según el Diccionario de la Real Academia Española (DRAE), fiel es aquel que es constante en sus afectos y en el cumplimiento de sus obligaciones. Aquél que es exacto y actúa conforme a la verdad. En las relaciones de ayuda consiste en transmitir con actos concretos y sostenidos en el tiempo, que la persona y la relación con ella está por encima de las variaciones personales (estados de ánimo, discrepancias, conflictos, etc.).

La confianza no es un don, se gana con hechos firmes y coherentes. Hemos de comprobar que los compromisos establecidos son asumidos. Que se nos acoge siendo como somos y estando como estamos, aunque nuestras opiniones y emociones se revelen contrapuestas, intensas o convulsas; que se nos cuida sin dañarnos ni manipularnos.

Todas estas experiencias conforman de hecho, las condiciones ideales en la vinculación de los hijos con sus padres. Cuando falta esta calidad en la entrega se genera un estado de permanente desconfianza y acorazamiento que dificulta las posteriores relaciones afectivas (amistades, pareja, con los hijos...). Es muy difícil confiar en los demás cuando no hemos podido sentirlo con los que se suponía que más nos amaban.

Para ayudar a alguien por tanto, también hay que estar con su desconfianza hacia nosotros; tenerla en consideración y ver, si ambos lo queremos, qué podemos hacer que nos acerque. La desconfianza mostrada abiertamente es un gesto implícito de confianza y honestidad que abre la posibilidad de forjar una vinculación positiva. Tratar de relativizar o menoscabar esta clase de vivencias para "suavizar la situación", es una sutil forma de negación, que desafortunadamente abunda y mucho, en las relaciones terapéuticas ("No tengas miedo", "deja de preocuparte", "confía en mí", "debes tener fe", "¡Relájate!"). Es habitual entre los profesionales pretender obtener una confianza "per se" de los pacientes, llegando a denigrarlos si no la sienten o no la muestran ("tu orgullo no te deja recibir ayuda", "tienes el corazón cerrado", "¡Sal de tu coraza!"). La dificultad para respetar la desconfianza impide profundizar en el proceso de transformación.

Por otra parte, ¿confiamos nosotros en quien queremos ayudar? Confiar en alguien es creer que posee las cualidades para llevar a cabo un fin determinado, en este caso un proceso personal de transformación. Tener fe en sus capacidades y en su potencial interno para encontrar y recorrer su camino.

La desconfianza del terapeuta suele manifestarse a través de una oscilación entre la urgencia interventiva y una actitud de laxa pasividad. O hace, piensa e interpreta por el otro, o le deja solo. Si no podemos sentir confianza, es decir, si no podemos entrever sus potenciales y recursos detrás de las problemáticas y dificultades que presenta, es mejor dejar que sea otra persona o profesional el que le preste cuidado. Epicuro decía "No necesitamos tanto de la ayuda de nuestros amigos como de la confianza puesta en esa ayuda". Es más valiosa la actitud con la que se nos entregan las cosas, que las cosas en sí mismas, pues este hecho refleja y da medida de quien somos para los demás.

En las relaciones de ayuda, resulta imprescindible un reconocimiento mutuo de persona a persona para afrontar los procesos que requieren de mayor intimidad y profundidad, de lo contrario el terapeuta será un consejero o un receptáculo del malestar, pero no alguien con quien poder construir una vinculación positiva.

Comunicación

Habitualmente entendemos la comunicación como la transmisión de información, pero comunicar dos o más cosas entre sí significa también ponerlas en contacto. En el caso de las personas este "puente" se construye a través de la receptividad y la entrega. Mediante el intento de entrar para sentir al otro; de mostrarse y ser conocido. A través del contacto comunicativo podemos empezar a percibirnos de una forma más directa y nítida; sin interpretaciones.

Si asumimos que no nos conocemos surgen preguntas, y éstas son precisamente, el fundamento en la comunicación. Hace falta un estado de interrogación e interés sincero que nos adentre en el misterio, en el terreno de lo no conocido; del -no sé quien eres- y del -quiero conocerte-.

Son imprescindibles en este sentido, aspectos como la veracidad y la claridad en el lenguaje. Dedicar el tiempo y la energía necesarios para expresar lo que realmente queremos decir. Acostumbrarnos a no dar las cosas por supuestas; contrastar y confirmar nuestras dudas e impresiones. Huir de las presunciones y las conjeturas. Fundamentar el cuidado en interpretaciones conduce tarde o temprano a la pérdida del contacto. Si queremos ayudar a la persona a ser ella misma, a encontrar su camino, hay que tener claro que lo importante es lo que la persona dice y siente, no lo que nosotros suponemos y creemos que debería ser.

En general, en las propuestas de ayuda la comunicación brilla por su ausencia. Predominan los tecnicismos y explicaciones pomposas que amagan inseguridad y desconfianza hacia la capacidad comprensiva de los demás. Podemos pasar por un "especialista" sin que nos mire siquiera a los ojos. Los diagnósticos a distancia o la inclinación compulsiva hacia la videncia y la adivinación acostumbran a esconder este mismo rechazo a una comunicación directa y cercana.

La comunicación se desvirtúa cuando el poder de la ayuda se reduce a decirle a la persona qué le pasa y qué debe hacer. Desde aquí podemos recibir muchos consejos, pero nunca una experiencia de cercanía y contacto; seguiremos igual de lejos de nosotros mismos y de los demás. Igual de enfermos en lo afectivo. Y al final del pasillo... la misma sensación de incomprensión, distancia y soledad. El mismo vacío. Con el tiempo, la tendencia es el repliegue, el aislamiento, el hastío y la decepción. Incrédulos ante cualquier posibilidad de entrar en el corazón de otra persona.

El verdadero misterio y atrevimiento es estar dispuesto a sentirse más allá de los ideales, a soltar las amarras del control a las que nos aferramos; salir de los habituales estados mentales y emocionales donde creemos saber de antemano quienes somos y quienes son los demás.

Todas las disposiciones para la ayuda que he nombrado en este apartado: escucha, respeto, cercanía, honestidad, confianza y comunicación, conllevan un deseo intrínseco de querer conocer al otro tal y como es sin pretender cambiarlo. Son las partes concretas y constituyentes de eso que llamamos amor y desde mi sentir, deberían constituir el eje central no sólo de los procesos terapéuticos, sino también de la crianza, la educación y de nuestra organización como sociedad.

Los conocimientos que a continuación expongo dan sustento a las críticas y a las aportaciones de la segunda parte del libro. Son desde mi punto de vista, cruciales para una correcta comprensión holística y sistémica del ser humano. El Paradigma Sistémico nos habla de la organización general de la vida, la Psicología Evolutiva sobre el despliegue que nos es propio como especie, y el estudio Psicodinámico de las defensas del carácter de cómo nos estructuramos como individuos ante las agresiones y las carencias afectivas.

He intentado ofreceros unos conocimientos científicos básicos para que podáis reflexionar por vosotros mismos. Quiero advertir que durante las próximas páginas transitaremos por territorios un tanto teóricos. Los que en este momento no tengáis un interés específico en profundizar en estás cuestiones podéis pasar directamente al apartado "situación actual en la Psicología".

¿QUÉ ES REALMENTE EL HOLISMO?
Aportaciones desde el Paradigma Sistémico

La Teoría General de Sistemas (TGS) es un paradigma científico formalizado a finales de los años sesenta que ha sido incorporado en la biología, la ecología y las ciencias puras (física, química y matemáticas) y más incipientemente en el campo de la sociología y la psicología. Se trata de una teoría que se aproxima al estudio de la realidad teniendo en cuenta la complejidad del universo. Para ello propone la conveniencia en ciertos casos, de desplazar el énfasis del análisis de las partes y los factores cuantitativos, al estudio de los factores cualitativos y de la interrelación entre los sistemas. Según este planteamiento, la vida se organiza entorno a patrones en "red", donde todos los seres y componentes están interconectados y son interdependientes entre sí. "Somos redes dentro de redes" afirma el físico Fritjof Capra.

El universo se rige por una co-evolución marcada por la relación, el intercambio y adaptación mutua. Las personas, también.

El desequilibrio entre las diferentes partes del ser como origen de sufrimiento y enfermedades es un hecho bien conocido por muchos enfoques. Para subsanar esta fragmentación se proponen trabajos que actúan paralela y conjuntamente sobre la parte mental, emocional y corporal. Sin embargo, la intervención sobre diferentes aspectos del ser aunque necesaria, no es suficiente por sí misma. Para actuar holísticamente hace falta disponer de un mapa teórico e interventivo que aclare como se interrelacionan estas partes entre sí, porque de lo contrario corremos el riesgo de incurrir en maneras de proceder inconexas y sin una dirección de trabajo clara. Para dilucidar este hecho y ver las implicaciones que se derivan en el campo de la salud y el autoconocimiento, expondré a continuación algunas ideas y principios propios del Paradigma Sistémico-Holístico. Una comprensión integradora del universo y del ser humano desde el ámbito de la ciencia.

Principios básicos de organización de la vida

Para profundizar en la comprensión de los sistemas vivos hemos de conocer los principios básicos que rigen su organización.

Niveles funcionales de la vida

La TGS afirma que todos los sistemas vivos se subdividen en tres grandes niveles cualitativos: El "patrón de organización" es el primer nivel de organización de la vida. Es donde se definen los potenciales y los límites; el mapa de las posibles ordenaciones de cada sistema. Las "funciones" son las dinámicas a través de las cuales se articula el patrón de organización, y la "estructura" la forma concreta que todo ello adopta.

Siguiendo estas definiciones y tomando a las personas como sistema, la estructura correspondería a la anatomía en su conjunto: células, órganos, musculatura, huesos; también a las estructuraciones bioenergéticas, instintivas y del carácter. Las funciones están asociadas a la regulación epigenética, al sistema nervioso somático, autónomo y endocrino; también a los procesos biológicos de autoorganización (autopoiéticos), a los instintivos, los mentales y los emocionales; a todas aquellas dinámicas y tareas conscientes e inconscientes destinadas a mantener el equilibrio funcional del sistema. Los patrones de organización serían a su vez los mapas de ordenación subyacentes en los que se sustentan todos los fenómenos antes descritos: los compartidos por todos los seres vivos, los propios de nuestra especie y los específicos de cada persona (representados a nivel orgánico en el código genético), así como las tendencias organizativas marcadas por el carácter y la cultura. Patrones todos ellos, que nos permiten sobrevivir y evolucionar, y que predestinan las diferentes "posibilidades de ser".

Direccionalidad organizativa

Aunque los diferentes niveles funcionales reverberan entre sí, existe una dinámica de ordenación en sentido descendente; una "direccionalidad organizativa" donde los patrones de organización ordenan los procesos y éstos a su vez, la forma tangible final del sistema. Desde la TGS por consiguiente, lo que nos sucede a nivel fisiológico-corporal está subordinado por los procesos biológicos, instintivos, mentales y emocionales, y éstos por su parte, por los patrones de organización que nos son propios.

Niveles compositivos de la materia

¿Cómo se enlazan entre sí estos niveles funcionales? La influencia entre los diferentes estratos organizativos requiere un "hilo conector". Desde mi punto de vista este eslabón reside en una nueva comprensión del concepto "materia-energía". A medida que profundizamos en la estructura de la materia comprobamos que también presenta una naturaleza multidimensional que puede y ha de ser observada desde diferentes parámetros. Un ejemplo revelador es el fenómeno que se produce al intentar estudiar la luz. En función del tipo de observación, ésta puede manifestarse con propiedades de partícula o bien de onda; un hecho difícil de encajar desde la física clásica, puesto que es algo así como decir que un objeto puede ser "redondo" y "cuadrado" al mismo tiempo.

Por otra parte, las investigaciones desde la macro y la microfísica demuestran que a partir de ciertas magnitudes, teorías que hasta entonces eran válidas dejan de serlo. La materia deja de comportarse como algo definido y estable, ya no puede ser cartografiado, medido y pesado; no por imposibilidades técnicas, sino porque a partir de cierto umbral, las partículas no tienen asociada una trayectoria estable y definida (tal y como demuestra el "principio de indeterminación de Heisenberg"). La materia se desvela como una especie de "nube de probabilidades y potenciales por definir".

Es lógico pensar que habiendo diferentes niveles organizativos funcionales de la vida, también exista un continuo estratificado de la materia-energía hilvanándolos. Y resulta pertinente considerar a su vez, que estas diferencias cualitativas de la materia también afecten a las leyes por las que son regidas. Este hecho podría explicar fenómenos imposibles de encajar desde el punto de vista de la física clásica, como "multilocación cuántica": una única partícula subatómica ocupa numerosos espacios al mismo tiempo; o el "entrelazamiento cuántico": la modificación del estado de una partícula cambia de forma instantánea el de su partícula enlazada, independientemente de la distancia existente entre ellas.

Influido por el "materialismo filosófico", propongo distinguir entre tres diferentes dimensiones cualitativas de la materia. A la primera de ellas he decidido llamarla *"estable"*: La materia tangible. La dimensión corpórea de los sistemas; aquella que podemos observar, medir y estudiar empíricamente por su densidad y fijeza en cuanto a forma y propiedades. Una materialidad *"dinámica"*: Fluc-

tuante y plástica; sin una forma estable predefinida; parametriza-
ble. Y por último, una materia *"radiante"*: Sustancialidad hológra-
fica cuya propiedad básica no se sitúa ni en la forma ni en el movimiento, sino en la capacidad para contener e irradiar potenciales
y probabilidades de manifestación.

La analogía entre líquidos, sólidos y gases puede ayudarnos a entender la lógica de esta clasificación. No es lo mismo el agua en
estado líquido, que el hielo o el vapor. Aunque todo es agua, cada
forma y estado presenta estructuraciones y propiedades diferentes.
Desde este punto de vista por tanto, la *materia estable* sería sólo
uno de sus estados cognoscibles. De hecho, desde los nuevos modelos físicos y astronómicos, se estima que la materia visible sólo
corresponde al 5% del total de la masa del Universo. El resto ha de
ser explicada mediante conceptos hipotéticos como la materia oscura (23%) y la energía oscura (72%).

Quiero aclarar que esta división de la materia en tres grandes grupos, atiende a una solución pragmática de ordenación. Obviamente, el número total de dimensiones de la materia-energía debe ser
enorme y cuando menos, de difícil cálculo.

Clasificación Sistémica Bilineal
He unificado la comprensión funcional-organizativa proveniente
de la TGS y la comprensión material-compositiva que acabo de
exponer, bajo el nombre de: *Clasificación Sistémica Bilineal.* Un
modelo explicativo práctico que permite distinguir la naturaleza de

cada fenómeno, y también, como veremos en la segunda parte del libro, el "campo de acción" de las diferentes líneas terapéuticas.

La siguiente tabla muestra esta Clasificación Sistémica Bilineal aplicada al ser humano.

	Patrones de Organización	Funciones	Estructuras
Materia estable	Genéticos	Epigenéticas, nerviosas somáticas, autónomas, y endocrinas	Células, órganos, musculatura, huesos
Materia dinámica	Activados y modulados en función de la herencia y el carácter, en su constante interrelación con el ambiente	Autopoiéticas, instintivas, mentales y emocionales (conscientes y subconscientes)	Bioenergéticas, del instinto y del carácter
Materia radiante	Autopoiéticos (compartidos por todos los seres vivos) y los propios del ser humano	Interacción y coordinación entre los patrones de organización	Distintivas del potencial vital esencial de cada individuo

Sé que se trata de un tema que requeriría un extenso desarrollo teórico, pero por el momento y dado el objetivo del presente libro, he querido plasmar únicamente una aproximación a esta nueva forma de concebir la organización de los sistemas.

En cualquier caso, supongo que lo expuesto hasta ahora pone de manifiesto que los criterios empíricos y cuantitativos clásicos, no resultan siempre los más adecuados. ¿Para qué habría de servirnos saber cuántos gramos pesa un pensamiento o cuántos centímetros mide un sentimiento? Las apreciaciones cualitativas, la inferencia y la experiencia directa y sentida se muestran en ciertos casos, como valiosas y adecuadas herramientas de conocimiento.

Una comprensión sistémica integradora

Por lo general la religión y la filosofía occidental han empleado una visión dualista y fragmentada de la realidad. Por un lado el cuerpo, por el otro el alma. De una parte las funciones orgánicas, de otra las mentales y anímicas. Pero... ¿Cómo podrían influirse mutuamente los diferentes niveles funcionales si no compartiesen una misma esencia material? La ciencia clásica por su parte, o bien ha recurrido también a estas divisiones, o bien ha propuesto un "monismo fisicalista", donde las funciones superiores se han visto reducidas a meros epifenómenos orgánicos (neuroquímicos, hormonales, etc.). En estos momentos por ejemplo, está de moda atribuir toda causa del comportamiento humano al funcionamiento cerebral, empequeñeciendo la complejidad humana y conduciendo con frecuencia a tratamientos y planteamientos cuando menos, pueriles. A su vez, y en el otro extremo, muchas líneas psicológicas y esotéricas incurren en lo que viene a llamarse como "idealismo subjetivo"; un reduccionismo psicológico donde todos los fenómenos se presuponen originados y gobernados por "el poder" de los pensamientos y los deseos.

Desde mi punto de vista esta *Clasificación Sistémica Bilineal* (funcional y material) permite superar simplismos largamente lastrados y evita confusiones categoriales en las que tan frecuentemente se atribuyen a las partes propiedades que pertenecen al todo.

Importancia de los patrones de organización

La noción de los patrones de organización resulta de gran ayuda para abordar los procesos de transformación personal. En el ser humano me parece adecuado subdividirlos en cuatro niveles: En el primero estarían los patrones compartidos por todos los sistemas vivos, los "principios autopoiéticos" o de autocreación (formulados por los biólogos Maturana y Varela): autoorganización, autorregulación, autoconservación, autorreparación y autorreplicación. Patrones vitales que confieren a los sistemas la capacidad de gestionarse a sí mismos y evolucionar. En el segundo se hallan los patrones de organización fruto del legado instintivo de nuestra especie: los potenciales y los mapas de ordenación que se hallan tras la forma, el funcionamiento y el comportamiento propio de los humanos. En el tercero estarían los patrones establecidos debido a la recombinación genética de nuestros progenitores: el temperamento, las capacidades, las limitaciones... Y el cuarto y último, correspondería a los patrones de organización definidos por el carácter: las tendencias de relación con uno mismo y con los demás. Este "cuarto subnivel", el que tiene que ver con la adecuación al entorno, es crucial para entender nuestra constitución como individuos. El establecimiento de estas "rutas de organización" del comportamiento nos otorga una gran capacidad de adaptación al medio natural y social; un rasgo que nos diferencia de muchas otras especies animales, determinadas por disposiciones instintivas más inflexibles. Hay que tener en cuenta sin embargo, que cuando hemos de hacer frente a condiciones adversas continuadas que afectan a nuestro desarrollo biológico y afectivo, especialmente durante los primeros años de vida, el carácter se estructura mediante patrones de organización defensivos. Este hecho conlleva graves repercusiones: dificultades de relación, desarreglos físicos, psíquicos, emocionales y toda índole de comportamientos perversos y destructivos.

Las bases de nuestro comportamiento residen en los patrones de organización. Ellos predefinen nuestras tendencias. En los procesos de trasformación profunda necesitamos, por consiguiente, ayudar a las personas a realizar una revisión de la propia historia para comprender las experiencias que han influido a favor o en contra de su despliegue vital. Identificar las estrategias defensivas que han empleado y emplean para relacionarse con ellos mismos y con los demás. Facilitar mediante nuevas y satisfactorias formas de relación, la conexión con patrones de organización que impulsen a la expansión y a la evolución; a reconectar, en definitiva, con la fuerza vital y creadora en uno.

Me parece pertinente señalar que por lo general, las intervenciones terapéuticas no tienen suficientemente en cuenta este tipo de cuestiones. Actúan trabajando aisladamente sobre determinadas áreas o sintomatologías, sin considerar la enorme influencia de los patrones subyacentes y los orígenes relacionales y afectivos en los que todo ello se origina. Al confundir esta clase de intervenciones con un abordaje holístico se tergiversa y traba la posibilidad de acceder a una comprensión más amplia de los procesos de transformación.

Favorecer la autoorganización

La autoorganización es un concepto clave en la Teoría de Sistemas. Se refiere a la capacidad de todos los sistemas vivos de gestionarse así mismos, y a la tendencia que los lleva a evolucionar hacia formas cada vez más complejas y estables. La autoorganización habla de una fuerza inmanente que nos lleva a aprender y desarrollarnos, impulsándonos al encuentro de un estado de mayor equilibrio y bienestar interno.

El patrón de autoorganización fue descubierto a partir de la constatación de patrones circulares de retroalimentación existentes en todos los seres vivos. Fue identificado y descrito a nivel molecular por Manfred Eigen (premio Nobel de química) en los denominados "hiperciclos" o "ciclos catalíticos", para muchos, las "redes bioquímicas" precursoras de la vida en nuestro planeta. La evolución de las especies también se considera fruto de esta tendencia de los sistemas a cooperar entre sí, con el objetivo de crear novedad, complejidad y orden creciente. Desde este punto de vista, los cambios aleatorios y las mutaciones han de ser contemplados como facilitadores, pero en ningún caso como mecanismos principales o determinantes de la evolución.

¿Cómo se traslada este concepto de la autoorganización a la ayuda terapéutica?

El miedo y la desconfianza sobre las que edificamos la identidad hacen que la energía y recursos queden restringidos a la autodefensa. Este estado de tensión y congestión provoca a su vez, que los mecanismos de autorregulación se vean impedidos en su tarea de retornarnos a un estado de salud y bienestar. El gran reto a nivel terapéutico es por tanto, el de propiciar condiciones adecuadas para que esta tendencia autorreguladora recobre su función.

Como "ayudantes" podemos preguntarnos: ¿Lo que ofrezco y mi manera de ofrecerlo sirve a la expansión del potencial de la persona, o intento imponerle una manera concreta de ser? ¿Confío en su capacidad para hallar sus necesidades y sus propias "soluciones"? ¿Puedo respetar su ritmo y recursos personales o la fuerzo a actuar de un modo determinado?

Pensamos con todo el cuerpo

Investigadores como Gregory Bateson y Norbert Wiener pioneros en el estudio de los modelos y teorías de la información, y el neurobiólogo Humberto Maturana, con su teoría de la cognición, sentaron las bases para una nueva comprensión de la naturaleza de la mente. Desde la TGS la cognición es fruto de la constante interacción con el entorno, se sustenta y concreta en cambios estructurales, y es definida como el proceso que nos lleva a conocer, aprender y adaptarnos. El organismo está inmerso en una discreta pero constante modificación adaptativa, donde toda nueva experiencia conlleva una transformación corporal global (no sólo sináptica, como resulta más evidente). Así mismo, la experiencia mental se descentraliza y pasa a ser considerada un fenómeno global no jerárquico que implica a todo el organismo: Pensamos con todo el cuerpo. El cerebro es contemplado como "una" de las estructuras a través de la cual operan los procesos de cognición. Maturana habla de tres procesos cognitivos básicos: percepción, emoción y decisión/acción; a los que en seres más complejos, como en los humanos, hay que añadir otros como el lenguaje o el pensamiento conceptual o abstracto.

La neurocientífica Candace Pert por su parte, identificó a mediados de los ochenta, una red que enlaza actividades biológicas, mentales y emocionales, coordinadas principalmente, a través de unos mensajeros moleculares llamados péptidos. Lo llamó "red psicosomática". Un hallazgo confirmado a posteriori de manera reiterada, que demuestra científicamente como inteligencia, lenguaje, memoria y decisiones están siempre modulados y acompañados por emociones, sensaciones y procesos corporales.

Las implicaciones de esta concepción de la naturaleza de la mente en la visión holística son profundas. Si bien es cierto que para poder hablar y aclararnos desde un lugar más analítico distinguimos entre experiencias corporales, emocionales o mentales, hay que tener en cuenta que todas ellas son fenómenos inseparables. Al tratarlas como si fueran independientes entre sí sucumbimos a una interpretación de la realidad compartimentada y alejada de la naturaleza holográfica del universo.

El psicólogo Wilhelm Reich ya anunció a principios del siglo pasado con su concepto de "unidad funcional", que no es posible hacer un proceso profundo de autoconocimiento y transformación sin abordar implicada y directamente el cuerpo y las emociones. Conviene saber otramente, que para realizar este trabajo y no caer en prácticas erráticas o inconexas, hay que disponer de mapas de intervención psicocorporal sólidos y coherentes que ayuden a integrar los diferentes aspectos del ser.

La comprensión de esta inseparable conexión entre emociones, pensamiento y cuerpo también tiene profundas implicaciones en el campo de la educación. Las estandarizadas fórmulas desde las que se acostumbra a enseñar en las escuelas hacen que los aprendizajes se incorporen de forma lábil y sean rápidamente olvidados. Para fomentar la pasión por el conocimiento y favorecer su integración hay que elaborar ante todo desde el interés del alumno. El interés lleva a la motivación, la motivación a la emoción, la emoción a la concentración y a la persistencia; cuando esto sucede, la comprensión y la integración fluyen de forma espontánea y natural.

Para ayudar a profundizar en los objetos de estudio hay que favorecer la experimentación desde la palabra, la imagen, los símbolos, el tacto, el sonido, el movimiento, las emociones... La inspiración, la creatividad y el genio emergen en este proceso de interconexión y relación con uno mismo y con los demás. Este tipo de pedagogía requiere un tiempo dilatado, un trato específico para cada alumno, un apoyo diferenciado y una firme confianza en su capacidad para aprender por sí mismo. Solicita priorizar el encuentro con los potenciales y la autenticidad por encima del rendimiento y la competencia.

Todo conocimiento es aproximado

El pensamiento sistémico presenta una aparente dificultad experimental y epistemológica. Expone que "todo está conectado con todo" y evidentemente, no es posible tenerlo "todo" en cuenta. Podemos afirmar por consiguiente, que cualquier teoría es tan sólo una aproximación a la realidad. Por otra parte, como ya hemos visto, no podemos remitirnos a los objetos o la "materia estable" como única base de estudio, sino también a las pautas de interacción y ordenación (los patrones de organización), de momento sólo cognoscibles mediante la inferencia.

Como ya dije con anterioridad, aunque estas imposibilidades técnicas pueden ser percibidas como incómodos impedimentos, otorgan mucha más credibilidad y validez al ejercicio científico. La ciencia se desvela así como lo que siempre ha sido, una valiosa aunque limitada herramienta de aproximación al misterio de la vida.

Paradójicamente, asumir la incertidumbre y la complejidad como una parte más de la realidad ha permitido desarrollar nuevas aportaciones, como las matemáticas de la complejidad (o teoría de los sistemas dinámicos), la teoría cuántica y la del caos. Planteamientos todos ellos, más orientados al descubrimiento de patrones cualitativos que cuantitativos. Esta inversión de la tendencia de estudio mecanicista está ofreciendo unos resultados revolucionarios. Tengo la certeza que el futuro nos depara apasionantes descubrimientos.

En el campo de la psicología de igual modo, hemos de contemplar las teorizaciones como herramientas para ayudarnos a encontrar un estado de mayor equilibrio y bienestar. Si nos situamos en la práctica terapéutica y extrapolando lo dicho, convendremos que no se trata de dogmatizar sobre "la manera correcta de ayudar" pues cada individuo, situación y momento es diferente. Es indispensable incluir dentro del "mapa de ayuda profesional" un intento firme de permanecer en un estado de sensibilidad y conexión. Identificar dónde se encuentra la persona en ese momento, captándola desde la globalidad. Desde un punto de vista sistémico toda ayuda debe adaptarse desde la escucha y la empatía, al constante fluir de la relación.

¿Podemos mantenernos en contacto con nosotros y receptivos al otro? ¿Podemos permanecer en un estado de silenciosa incertidumbre?

La función de las crisis

El premio Nobel en química Ilya Prigogine revolucionó el campo de la ciencia con su teoría de las estructuras disipativas al comprobar que la ley de la entropía, "todo sistema cerrado tiende al caos", no es válida para los sistemas vivos. Pudo confirmar esta vez desde la termodinámica, la existencia del patrón de organización que hace que, si se les aplica una determinada energía, estos tienden a autoorganizarse y complejizarse de manera natural, mostrando a su vez, "propiedades emergentes" que no existían en el nivel anterior. Desde una perspectiva sistémica las crisis son contempladas por ende, como parte de la transición hacia nuevos estados de equilibrio.

Condiciones internas y externas adecuadas
Prigogine descubrió además, que en los sistemas hay momentos de crisis, que llamó de "bifurcación", donde el decantamiento hacia una estructuración más adaptativa o bien hacia una desestructuración, depende de la historia previa del sistema y de las condiciones externas en ese momento. Constituyendo, en sus propias palabras, "una delicada interacción entre necesidades y oportunidades". Las personas también estamos regidas por este equilibrio.

Cuando aparecen las crisis personales son frecuentes las voces que identifican la situación como una oportunidad. Si bien es cierto que existe una tendencia natural a aprovecharlas, estás devendrán en oportunidad o no, dependiendo de factores personales (necesidades, historia previa, tendencias reactivas...), pero también, y este es un factor que a menudo pasamos por alto, de las condiciones externas presentes. Como por ejemplo, si hay personas disponibles en nuestro entorno que puedan ofrecernos seguridad, acompañamiento y apoyo para realizar esa transición. Tomar como referencia el desarrollo madurativo infantil resulta de nuevo esclarecedor. Las crisis durante el crecimiento van sucediendo de forma natural a partir de un programa biológico preestablecido, pero si carecemos del apoyo y el sustento afectivo necesarios, las etapas del desarrollo se van cerrando de manera inconclusa, provocando estructuraciones defensivas, y una posterior repetición cíclica de los mismos errores y dificultades.

En los procesos terapéuticos la tendencia general es la de intentar que las personas salgan del malestar lo antes posible. En estos casos el factor humano vuelve a brillar por su ausencia y a partir de un cierto momento, las "ayudas" empiezan a volverse duras, tajantes y expeditivas. Nos cuesta estar con las crisis ajenas, porque ponen también en jaque las endebles estructuras en las que sostenemos nuestra identidad.

Vulnerabilidad y evolución
Prigogine constató también que ciertas cualidades de los sistemas, como la inestabilidad, la influenciabilidad, la diversidad o la incer-

tidumbre, aparentemente propiciatorias del caos, son las principales responsables del orden y la creatividad.

Las personas somos sensibles y vulnerables al entorno. Estas características son imprescindibles para que pueda darse una evolución sustentada en la interrelación. En esta maleabilidad radica la fuerza de la vida. Sin embargo muchas veces se pretende ayudar promoviendo un estado de supuesta invulnerabilidad; en aprender a comprender, justificar y relativizar las agresiones que recibimos; en conseguir que "lo que los demás hagan o digan no nos afecte".

Negar la influenciabilidad o luchar contra ella, nos sitúa en un irresoluble conflicto contra nuestra naturaleza. Una tesitura inhumana que barra la posibilidad de una verdadera transformación. Mientras estemos vivos, nos afectarán las cosas a nuestro alrededor y especialmente aquellas provenientes de las personas más allegadas. Lo que precisamos por consiguiente, no son propuestas que promuevan la insensibilización, sino procesos que ayuden a identificar qué nos sucede ante determinadas situaciones, personas y actitudes, y qué respuestas queremos adoptar al respecto.

Reestructuración general e irreversible
Desde la termodinámica se ha comprobado que independientemente del tipo de reestructuración o desestructuración desencadenada, el cambio generado siempre será general e irreversible. General, en el sentido que todos los elementos del sistema se ven afectados por la nueva forma adoptada, creando un estado compacto y estable en sí mismo. Irreversible en tanto que el sistema a

partir de ese momento intentará mantener el "equilibrio interno" adquirido.

Este es el motivo fundamental por el que las transformaciones profundas son tan costosas. Las personas tendemos de forma inercial a perpetuar nuestra estructura defensiva del carácter, y con ella, toda clase de compensaciones autodestructivas y adictivas.

El principio de estructuración general e irreversible que rige a todos los sistemas vivos nos indica que: para realizar una transformación profunda resulta inútil intentar cambiar las partes por separado. Se hace necesaria una nueva crisis, en este caso voluntaria y consciente, que permita la creación de un nuevo equilibrio más flexible y adaptativo.

Un paradigma revolucionario

Desde las diferentes disciplinas que se han ido integrando en la Teoría General de Sistemas ha habido un interés en sumar esfuerzos por tal de ampliar los horizontes de la ciencia y construir un cuerpo teórico lo más sólido y pragmático posible. Aunque soy consciente de mis limitaciones teóricas al respecto, en este último apartado he querido aportar mi pequeño granito de arena desde el campo de la psicoterapia. Espero que esta información sirva para que poco a poco, podamos encontrar nuevas rutas hacia una ayuda más respetuosa y humana.

Para todos los que deseen profundizar en las bases de la TGS, recomiendo el esclarecedor libro "La trama de la vida", del físico

Fritjof Capra, que yo mismo he empleado como fuente de consulta e inspiración.

Personalmente creo que el futuro en el campo de las humanidades está en esta nueva concepción integradora e interdependiente de la existencia; en una ciencia puesta al servicio de la comprensión y la satisfacción de nuestras verdaderas necesidades. Mi deseo es que todos los que nos sentimos implicados aunemos esfuerzos en esta dirección.

Nota:
Dado que es una confusión bastante recurrente, quiero señalar que una cosa es la *Teoría General de Sistemas* aplicada a la psicología, y otra la *Psicología Sistémica* propiamente. Esta última se refiere a un enfoque de trabajo específico enmarcado dentro de la terapia breve y aplicado sobretodo a problemáticas puntuales del ámbito familiar.

¿QUÉ SABEMOS DE NUESTRO DESARROLLO?
Aportaciones de la Psicología Evolutiva

Para estudiar al ser humano hemos de tener en cuenta nuestra historia particular. Tal como hemos visto desde la TGS, es trascendental averiguar cómo hemos resuelto la adaptación, en este sutil equilibrio que se desarrolla entre las necesidades y las oportunidades provenientes del entorno.

A continuación me centraré en la influencia que tienen las relaciones en nuestro proceso de despliegue madurativo.

Importancia de las relaciones vinculares

Durante los primeros años de vida, el establecimiento y la protección del vínculo afectivo con las figuras de las que dependemos es prioritaria, una cuestión de supervivencia. El vínculo es como un invisible cordón umbilical que nos une a nuestros padres. A través de él nos aseguramos que vamos a recibir el soporte material y afectivo que necesitamos para crecer: alimento, abrigo, protección, cariño, consuelo, reconocimiento, apoyo, referencias. Es la piedra angular del desarrollo. El lazo que nos permite amar y ser amados. Para salvaguardar el vínculo afectivo con nuestros padres estamos dispuestos a adaptarnos a agresiones pasivas y activas que atentan contra el desarrollo y la expresión de quienes somos. Esta "adaptación forzada" hace que en muchas ocasiones nos vinculemos negativamente.

Malversación de la dependencia afectiva

Por lo general, cuando somos pequeños, la dependencia afectiva hacia los padres es tratada como una "debilidad" que hay que erradicar lo antes posible, y a la vez, como algo con lo que se nos manipula. El lazo que habría de servirnos para aportarnos seguridad, nutrición y apoyo, se acaba convirtiendo en una correa desde la que se nos "estira" para que seamos nosotros los que nos adaptemos constantemente al ritmo y las exigencias de los mayores. Hay algunas prácticas que recogen estos dos funestos aspectos en un mismo acto. Pondré como ejemplo el método Estivill, un método de adiestramiento para que los niños renuncien a la necesidad de tener a sus padres para dormir. Una de sus reglas de oro es: "Cuando el niño llora no hay que atenderlo bajo ningún concepto. Debe hacerse únicamente cuando éste deja de hacerlo", es decir cuando ya ha renunciado a ser cuidado. Vemos así, por un lado, el intento de erradicar la necesidad de seguridad y consuelo, y por otro la manipulación, dándole lo que necesita sólo cuando hace lo que se espera de él.

Es frecuente oír hablar de la explotación del planeta y sus recursos, en este caso deberíamos hablar de una explotación de la dependencia afectiva.

Situación actual de la Psicología Evolutiva

Como ya he dicho anteriormente, cuando no recibimos las condiciones prácticas y afectivas tenemos que estructurarnos desde la carencia, mediante compensaciones defensivas que conllevan siempre, y en mayor o menor grado, un desequilibrio y un sobreesfuerzo interno. Por eso, una de las principales tareas de la Psicología es la de averiguar qué momentos y hechos son decisivos para la organización como individuos; conocer qué favorece y qué dificulta nuestro despliegue vital.

La Psicología Evolutiva, también llamada del desarrollo o de los ciclos vitales, es la rama especializada en recabar y organizar la información relativa a los procesos propios de la maduración: Los impulsos y los reflejos instintivos; el desarrollo de las capacidades perceptivas, sensoriales, motoras, cognitivas y del lenguaje. También la evolución de las habilidades relacionales, comunicativas y creativas; la afectividad, la sexualidad, la socialización (el compromiso, la responsabilidad, la cooperación...).

Dentro de la Psicología Evolutiva existen aportaciones remarcables y desde diferentes ámbitos, de los que destacaría por ejemplo, los estudios experimentales sobre el "apego" realizadas por John Bowlby, por su contribución al cuidado del vínculo afectivo durante los primeros años de la infancia. La comprometida contribución de Alice Miller y su iluminación de las consecuencias del maltrato infantil normalizado, o la de la doctora y educadora María Montessori, que propuso a principios del siglo pasado el prolífico constructo de "las fases sensibles del desarrollo". Existe un despliegue madurativo general compartido (con matices propios en cada persona) que determina el desarrollo automático y progresivo de las funciones y habilidades físicas, emocionales y mentales. Si este ritmo es seguido y acompañado desde un contacto cercano y afectuoso, las capacidades van asentándose una sobre otra como si fueran vasos comunicantes. Por ello es absolutamente básico conocer y ofrecer experiencias ajustadas a estas fases.

Sorprendentemente, pese a la importancia que tiene el estudio de estos procesos, éstos ocupan un lugar secundario en la Psicología, en las líneas de Autoconocimiento y en general en toda nuestra cultura. El reflejo más claro y dramático de este desinterés lo encontramos en la forma de tratar a los niños y a los jóvenes; en la falta de comprensión y empatía hacia lo que hacen y sienten. En las actitudes demonizadoras, manipuladoras e intransigentes que profesamos hacia ellos. Esta falta de entendimiento, respeto y apoyo sufridos durante la juventud, es la misma que más tarde, como adultos, repetimos y promovemos en una prepotente y fratricida guerra intergeneracional.

La Psicología Evolutiva no dispone de un marco común y propio. Los conocimientos están disgregados y sin una teoría que los unifique. En ciertos casos además, tanto las observaciones como el lenguaje empleado están marcados por enfoques excesivamente intervencionistas y moralistas, cuya aplicación interfiere dañinamente en el crecimiento de los pequeños.

Hemos sido capaces de realizar estudios extraordinariamente complejos, pero parecemos incapaces de ponernos de acuerdo a la hora de observar e identificar las cuestiones esenciales para la maduración. En una librería por ejemplo, podemos encontrar decenas, centenares de libros sobre crecimiento y Desarrollo Personal, y muy pocos o ninguno sobre el crecimiento de las personas. Siendo justo con los términos, encarar el fenómeno del "crecimiento" sin tener en cuenta los condicionantes biológicos y familiares, debería denominarse "crecimiento impersonal".

¿Por qué nos resulta tan difícil centrarnos en algo tan primordial? ¿Por qué derivamos sistemáticamente nuestros esfuerzos hacia filosofías, éticas e ideologías cuando podríamos encontrar las respuestas mediante la observación de nuestro comportamiento natural e instintivo? ¿Por qué nos cuesta tanto observar a los bebés, niños y adolescentes intentando captar sus necesidades e inquietudes sin prejuzgarlos?

Un estudio comprometido

Cuando exploramos el mundo de los afectos la referencia empleada son los propios sentimientos. Para reconocer las experiencias emocionales de los demás hemos de estar dispuestos a conocer y sentir las propias emociones; de lo contrario las negaremos o reconvertiremos en algo que conocemos, pensamos, o desearíamos creer. De tal modo, si por ejemplo, nuestra inocencia ha sido cercenada, nos resultará difícil verla en los demás con nitidez. La inocencia no es un objeto concreto o material, es un estado. ¿Cómo identificar lo que negamos en nosotros? La tendencia en estos casos, es juzgar e interpretar lo observado, pues reconocerlo como tal, despertaría el daño, el abuso y la injusticia asociados a esas experiencias.

Estudiar "el alma humana" pide estar dispuesto a realizar un proceso personal de revisión y reparación de la propia historia. Igual que el matemático para asentar sus demostraciones ha de estudiar y dominar el álgebra, la geometría y el cálculo, aquel que pretende adentrarse en el campo de la teorización psicológica debe tener los conocimientos adecuados, pero también y sobre todo, atreverse a explorar e integrar las partes oscuras y luminosas de sí mismo.

Todas estas dificultades experimentales hacen que nos encontremos con un gran agujero justo en el lugar en el que deberían asentarse los pilares de las ciencias humanas.

Una valiosa aportación

Afortunadamente, en la actualidad también hay contribuciones revolucionarias y sólidas al respecto. Quiero destacar el trabajo del psicólogo Marc Costa, fundador y director de la Escuela de Integración Psicocorporal de Barcelona (ETIP), que a lo largo de más de treinta años como psicoterapeuta y formador ha desarrollado un modelo teórico e interventivo basado en los ciclos y las fases del desarrollo humano. Un sobresaliente trabajo de creación de nuevas y originales teorías, y de un método terapéutico preciso, respetuoso y comprometido.

Desde mi punto de vista es uno de los mayores hitos de los últimos tiempos en el campo de la psicología, y está destinado a inspirar y retroalimentar muchas otras áreas del conocimiento científico.

La mayoría de líneas de Psicología y Autoconocimiento se han erigido partiendo de patologías y clasificaciones clínicas, o bien de los potenciales y capacidades "elevadas". Sin embargo, opino que si perdemos de vista el desarrollo que nos es propio, corremos el riesgo de perder el sentido de nuestra labor, avanzando hacia lugares alejados o incluso opuestos a la naturaleza humana.

¿CÓMO SOBREVIVIMOS ANTE LA FALTA DE AFECTO?
Aportaciones desde la Psicología Psicodinámica: Las defensas psicocorporales

Los humanos tenemos una capacidad extraordinaria para sobrevivir en medios hostiles para el crecimiento, y eso es gracias, en parte, a los mecanismos de defensa. A continuación hablaré de ellos.

Función de las defensas psicocorporales

Como ya hemos visto en el apartado anterior, cuando tenemos que hacer frente a condiciones adversas para el desarrollo biológico y afectivo entramos en una zona de desequilibrio. A partir de cierto umbral, si no encontramos la forma de hallar una seguridad y una satisfacción suficientes, nos vemos forzados a readaptarnos mediante los mecanismos defensivos psicocorporales. Su función es la de protegernos de las agresiones activas y pasivas que atentan contra nuestra integridad física, psíquica y emocional.

Como ya expuso John Bowlby en sus estudios experimentales sobre el apego, la ausencia de afecto (cercanía, seguridad, nutrición, apoyo, consuelo...) por parte de aquellos con quien hemos de vincularnos, provoca una desorganización interna, que si no es atendida y atajada puede conducir entre otros al aislamiento patológico, las somatizaciones, la depresión, el autismo, la locura, la muerte súbita o el suicidio. Los mecanismos defensivos actúan en este sentido, como dispositivos de supervivencia automáticos e inconscientes, que nos permiten subsistir ante la falta de amor, y a medida que crecemos van quedando integrados en nuestra forma de ser.

Consecuencias de la estructuración defensiva

La principal consecuencia de esta implantación defensiva es la desconexión con nosotros mismos. El desarraigo con nuestra fuerza y verdad; con nuestra autenticidad; la incapacidad para sentir qué nos pasa y qué necesitamos. Esto nos desorienta llevándonos a actuar regidos por inercias internas y externas: roles, ideales, directrices sociales... De esta desconexión se derivan directa e indirectamente la mayoría de dolencias físicas, mentales y emocionales.

Compensaciones autodestructivas

Intentamos compensar la pérdida de la satisfacción de las verdaderas necesidades, con comportamientos que acostumbran a resultar, en mayor o menor grado, autodestructivos y adictivos. Establecemos relaciones patológicas con la comida, el tabaco, la bebida, la sexualidad, el trabajo, internet...

Dificultades relacionales

En los conflictos de índole relacional es donde las defensas se hacen más evidentes. Sufrimos una contradicción interna de graves repercusiones. Necesitamos el contacto, la cercanía y el cariño con las demás personas, pero a la vez lo tememos y lo evitamos. Nos mantenemos oscilando entre el deseo y el rechazo. La atracción y la parálisis. La pasión y el odio.

Vivimos inmersos en una permanente confusión entre el pasado y el presente. El juicio y las interpretaciones ocupan el espacio de la escucha. Abunda la fantasía y la expectativa, las susceptibilidades, la violencia y la indiferencia. En el fondo nos sentimos solos, desamparados e incomprendidos. Perdidos en una constante lucha con nosotros mismos intentando ser quienes no somos.

Sustento psicofisiológico

Sigmund Freud fue el precursor a principios del siglo XX, del estudio de los mecanismos de defensa; éstos se han convertido desde entonces en una materia obligada para las líneas de psicología que quieren indagar en la dinámica de los procesos mentales y emocionales. En los últimos años, desde la psicofisiología empieza a descubrirse el sustento orgánico de este tipo de dispositivos de adaptación. El sistema reticular activador y el límbico, por ejemplo, están destinados a la integración de la información sensorial, visceral, emocional, cognitiva. Tienen la capacidad para regular la sensibilidad, y pueden actuar anulando la percepción de ciertos estímulos e inhibiendo sensaciones internas (el dolor entre ellas) cuando éstas son constantes y repetitivas. Un recurso que permite adaptarse y soportar condiciones externas que conllevan altos y persistentes niveles de frustración y malestar.

Estos conocimientos esclarecen como se produce la disgregación entre las diferentes partes de nuestro ser (cuerpo, mente y emociones), o como reconvertimos la experiencia del dolor en una vivencia difusa y sostenida de sufrimiento. Pero los mecanismos defensivos se extienden más allá de lo neurológico, implican a todo el organismo, y es por eso que se denominan "defensas psicocorporales". Este hecho es especialmente relevante pues nos indica que para realizar un proceso de transformación profundo, hay que estar dispuesto a trabajar directamente sobre el cuerpo y sus manifestaciones.

Un abordaje delicado

El trabajo con las defensas psicocorporales es extremadamente delicado. En él quedan al descubierto y se ponen en jaque las precarias y a menudo autodestructivas formas de vinculación a la vida. Se revelan mentiras, contradicciones y dificultades de relación; miedos, inseguridades, vulnerabilidades... Nos aproxima, en último término, a nuestros bastiones internos, al lugar donde reside el terror y el rechazo a sentirnos y a sentir a los demás. Al acceder a ciertos niveles de profundidad se desatan y emergen la incomprensión, el abuso y la violencia sufridos.

Precisamos unas garantías mínimas para entrar en estas zonas tan comprometidas: Un contexto de confianza y tranquilidad. Sentirnos reconocidos más allá de nuestras dificultades y contradicciones. Un trato humano, afectuoso y respetuoso. Una adecuación a nuestro tiempo, ritmo y espacio. Necesitamos personas con las que reconocer e integrar nuevas y liberadoras formas de relación. Con quien compartir el daño interno y constatar vivencias diferentes de lo experimentado en el pasado.

Los mecanismos defensivos en los procesos de ayuda

Las defensas psicocorporales intervienen de forma decisiva en nuestro comportamiento; tener en cuenta su influencia y función es absolutamente fundamental para comprender y ayudar a las personas. Estos mecanismos guían nuestra percepción y condicionan nuestras actitudes y decisiones. A través suyo interpretamos el mundo. En muchas líneas de Psicología y de Autoconocimiento esto apenas se tiene en cuenta, o bien se atiende de manera superficial. Priman las racionalizaciones y la elaboración prematura. Llegados a cierto punto, y guiados por la "urgencia interventiva", la tendencia es la de reconducir el tratamiento hacia lugares efectistas, autoafirmativos o de mera descarga.

La falta de comprensión de la función de los recursos defensivos tiene muchas y nefastas consecuencias, pero hay una que las resume a todas: El fomento de la lucha interna y el sobreesfuerzo. Al pasar por alto la enorme potencia de las defensas de la personalidad, creemos que podemos cambiar simplemente queriéndolo; que las trabas hacia la libertad o la felicidad radican en cuestiones meramente motivacionales, ideológicas o metodológicas. Que cambiando la forma de pensar o separándose de ciertas emociones o haciendo determinados ejercicios, es posible acceder a un estado de bienestar. Sin embargo, motivaciones, decisiones, pensamientos y emociones están fuertemente guiados por el carácter, y éste a su vez, por los mecanismos de defensa. Soslayar su influencia lleva a planteamientos simplistas y superficiales basados en el voluntarismo y la superstición. Fórmulas que nos mantienen oscilando como un péndulo entre la omnipotencia y la impotencia.

La fuerza que poseen estas estructuraciones hace que aún y siendo conscientes de nuestras incoherencias, bajo determinadas circunstancias repitamos una y otra vez los mismos comportamientos. Tras dar vueltas y vueltas siendo testigos de las contradicciones internas y de los fútiles esfuerzos por dejar de actuar de tal o cual forma, la decepción y la culpa acaban poniendo fin a nuestras bienintencionadas pretensiones. Intentar "diseñarse a sí mismo" es una aspiración condenada al fracaso, pues no podemos realizar transformaciones profundas y duraderas sin conocer y atravesar conscientemente las barreras que nos gobiernan. Resulta imposible trascender lo que se rechaza. Es inútil intentar erradicar o cambiar la manera de ser a través de simples decisiones, por muy meditadas que éstas sean. Nuestro comportamiento por incoherente que parezca, está guiado por un instinto de supervivencia y adaptación. Necesitamos comprender porqué hacemos lo que hacemos. De qué huimos y qué necesitamos.

Conclusiones

Personalmente creo que la dificultad para encarar estas cuestiones, es la principal responsable de que llevemos siglos a la deriva, sin una verdadera comprensión de nuestra naturaleza, inmersos en toda clase de comportamientos destructivos, apartados de lo esencial, lejos del auténtico sentido del bienestar y la satisfacción.

Soy testigo, tanto desde mi propio proceso personal como desde la práctica psicoterapéutica, de la colosal dificultad que entraña atravesar las barreras que nos protegieron de la desatención y el maltrato. Todos estamos de un modo u otro a la defensiva, encaramados a roles y pedestales narcisistas sin tan siquiera darnos cuenta. Demasiado lejos los unos de los otros. Demasiado resentidos, demasiado solos.

De manera cíclica aparecen nuevas fórmulas de consumismo existencialista, sensacionalismos, panaceas y atajos que prometen mucho a cambio de casi nada. Pero para aflojar la armadura no basta con métodos y conocimientos, también hace falta un sustento y una calidad en el trato humano. Nadie en su sano juicio abandonaría los patrones que le han servido para sobrevivir sin unos nuevos referentes positivos y nutricios. Esta es la verdadera base de la transformación. Para abrirse a la experiencia humana, hace falta sentir que hay personas que nos ofrecen cosas realmente buenas, auténticas y de corazón. Los métodos, las creencias, las autoafirmaciones y las autosugestiones resultan insuficientes. Requerimos experiencias concretas y palpables de contacto que nos satisfagan: presencia, seguridad, cercanía, consuelo, interés, reconocimiento, acompañamiento, entrega... La transformación requiere de un proceso de revinculación positiva a la vida; una vinculación que favorezca la expresión de quienes somos.

Llegados a este punto es donde el concepto de "desarrollo inter-personal" cobra su pleno sentido. Nos construimos defensivamente ante la falta de sensibilidad y afecto, por eso ahora, necesitamos experiencias y registros que apunten en dirección a la aceptación y al respeto.

SITUACIÓN ACTUAL EN LA PSICOLOGÍA

Desde mi punto de vista la Psicología necesita adaptarse al nuevo Paradigma Sistémico, ganando mayor profundidad en la compresión de las problemáticas humanas. Sigue anclada en intervenciones orientadas únicamente al cambio del comportamiento, que no tiene el calado suficiente para encarar los problemas de relación; conflictos que son, por otra parte, los que más abundan.

La marcada escisión entre "enfermos" y "sanos", entre "cuerdos" y "locos", hace que las intervenciones adopten un tono patologista y se pierda de vista que no se trata de blanco o negro, sino de una escala de grises en la que todos nos encontramos. Este clasismo deriva en actitudes prepotentes y un trato distante y altivo hacia los pacientes.

La falta de consideración hacia el estudio y la atención de las carencias afectivas y del desarrollo hace que los intentos de integración de los diferentes aspectos del ser, desemboquen con frecuencia en prácticas inconexas y limitadas. A su vez, la mayoría de líneas psicológicas que profundizan en las cuestiones relacionales y afectivas, se referencian teóricamente en el psicoanálisis. Sin embargo, en muchas líneas psicodinámicas las fases del desarrollo se utilizan más como soporte para identificar "fijaciones" que para ver y atender las carencias reales de las personas, conduciendo en ocasiones a complejos y arriesgados malabarismos interpretativos, que poco o nada tienen que ver con la realidad y las necesidades de los pacientes. A esto hay que sumarle una a menudo sospechosa tendencia por parte de los profesionales, a proteger y justificar a las figuras parentales, considerando los traumas como fruto de "interpretaciones distorsionadas"; posicionamientos todos ellos, que despojan a la persona de la posibilidad de identificar, enfrentarse y resarcirse de las frustraciones y las agresiones concretas que han originado su desequilibrio interno.

El indispensable trabajo con y desde el cuerpo es otra tarea pendiente para muchas líneas de psicología. La dificultad para auspiciar y facilitar la expresión corporal, y la ausencia de referencias y experiencias reparadoras desde un contacto más cálido, directo y cercano, condiciona y limita el proceso de transformación.

Respecto al recorrido de desarticulación de los mecanismos defensivos, la situación vuelve a verse coartada por la ausencia de un eje vertebrador. El trabajo tiende a dirigirse hacia la toma de consciencia, la reinterpretación y la expresión de las reacciones emocionales, dejando de banda las necesidades de contacto afectivo. De hecho, la tendencia más habitual es la de intentar que la persona las "supere" a través del entendimiento, la sublimación y el esfuerzo interno.

En la psicología, como en tantos otros ámbitos, existe una cruzada contra todas aquellas cuestiones que ponen de manifiesto la dependencia afectiva. Se trata del gran tabú. Ponerlo encima de la mesa implica reencontrarse con la proscrita necesidad de cuidado y cariño que cada uno llevamos dentro; con la soledad, el desamparo, el frío...; con carencias que arrastramos desde la niñez y sobre las que nos hemos conformado como personas; vivencias desestabilizantes que intentamos eludir por todos los medios.

Dado que la tendencia a esquivar estos asuntos nos afecta a todos (psicólogos y clientes), considero absolutamente imprescindible que más allá de las titulaciones, los profesionales realicemos un proceso terapéutico personal profuso y consistente, porque de lo contrario tenderemos a negar y juzgar a nuestros pacientes cada vez que muestren aquello que inconscientemente rechazamos en nosotros. Los profesionales que creen que no necesitan hacer un proceso personal acostumbran a encerrar desconocimiento de sí mismos y un miedo vestido de omnipotencia, que de una forma u otra siempre acaba pasando factura. ¿Cómo podemos ofrecer y promover un tiempo y un espacio de cuidado sino sentimos que podamos ofrecérnoslo a nosotros mismos?

Personalmente aconsejo que antes de ponernos en manos de un terapeuta, consideremos la posibilidad y el derecho de preguntarle ¿qué clase de trabajo personal ha hecho? ¿Qué recorrido? ¿En qué línea? ¿Con quién?

El propio recorrido terapéutico es la principal garantía de calidad para los que depositan su confianza en nosotros.

El colectivo profesional de la Psicología lleva años sumido en una búsqueda de reconocimiento social y legal que no acaba de llegar. Aunque la consecución de una adecuada cobertura legal es necesaria, la verdadera revaloración de nuestro colectivo no pasa por las decisiones de políticos y tecnócratas, sino sobretodo, por nuestro propio proceso de transformación personal.

Vivimos en una época de individualismo patológico, rehuyendo de nuestra naturaleza relacional. Envueltos en un constante esfuerzo para intentar sentirnos bien evitando exponernos. La mayoría de teorías, propuestas y creencias están marcadas por un inconsciente deseo de encontrar explicaciones que no desvelen el dolor que albergamos dentro. La falta de reconocimiento y sensibilidad ante estos temas también se pone de manifiesto en la relación terapéutica. En muchos casos se blanden protocolos, roles y distancias estandarizadas que resultan incompatibles con una entrega sentida, y anulan la posibilidad de una verdadera vinculación.

Esta ausencia de proximidad y comprensión desde el ámbito de la psicología, ha sido cubierta por las ofertas del "Crecimiento Personal". Sin embargo, y pese a las muchas aportaciones beneficiosas, se siguen repitiendo los mismas falacias, incoherencias y huidas hacia adelante.

La siguiente parte del libro la dedicaré a esclarecer estas "utopías de autosuficiencia" (Un concepto que ya introduje en mi libro "Los pilares del corazón"; la mayoría de ellas cultivadas y refinadas dentro del mundo del "autoconocimiento", pero también compartidas en muchos casos, por la Nueva Espiritualidad, la Psicología convencional y la cultura popular en general.

Espero que esta crítica sirva para desmontar tópicos y fomentar la reflexión respecto al tipo y la calidad de ayuda que ofrecemos y pedimos.

CRÍTICA AL CRECIMIENTO PERSONAL

Precedentes históricos del Crecimiento Personal

Una de las principales conexiones históricas del "Crecimiento Personal" se encuentra en el movimiento contracultural "hippie" iniciado a finales de la década de los sesenta. Una auténtica sacudida social que abrió nuevas e ilusionantes posibilidades para todos aquellos que se atrevieron a vivirlo de cerca. La insatisfacción de los jóvenes adoptó una lucha activa contra el acomodaticio aburguesamiento de las clases medias y las rígidas jerarquías laborales, sociopolíticas y familiares. El nuevo "estado del bienestar" y los valores consumistas, materialistas y racionalistas fueron puestos en cuestión. Cuajó una revolución contestataria y antibelicista a favor de la tolerancia, los derechos y la libertad del individuo, que influyó decisivamente en la liberación de la mujer, el respeto a la diversidad étnica y sexual, el ecologismo y la aparición de nuevas corrientes artísticas.

Hay un factor que ayuda a entender los entresijos de este movimiento colectivo. El aumento del poder adquisitivo de las clases medias, junto con el por aquel entonces, auge de la maquinaria productiva, provocó un importante crecimiento demográfico en los países desarrollados. Este crecimiento no fue parejo sin embargo, a un clima de contención familiar y dedicación afectiva hacia

89

los hijos. Los nuevos valores sociales, la seducción consumista, la ostentación, las necesidades creadas, la homogenización promovida por los medios de comunicación, y la absorción de las figuras paternas hacia los nuevos requerimientos laborales, afectaron seriamente a la desestructuración del núcleo familiar. Esta falta de presencia y soporte afectivo en el hogar contribuyó a la sensación de desarraigo y vacío de los jóvenes de esa época. Una de las grandes búsquedas ante este vacío afectivo y existencial se situó en el plano de la espiritualidad alternativa. Fue un momento de especial interés hacia las tradiciones orientales (budismo, meditación, hinduismo...), el contacto con la naturaleza (naturismo, indigenismo, chamanismo...), la experimentación con los estados alterados de consciencia (enteógenos, psicotrópicos y otras drogas), la utilización de la expresión artística como vía de liberación. Se fusionaron ideas y prácticas para ayudar a encontrar una vida personal y comunitaria afincada en la tolerancia y el amor.

Una de sus mayores apuestas fue el intento de hallar una alternativa a las convencionales estructuras familiares a través de las comunidades o "comunas"; grupos autorganizados y sin jerarquías, guiados por el intento de vivir conjugando el respeto y la libertad de sus individuos.

El movimiento hippie dejó un legado que cambió la mentalidad de mucha gente, abriendo las puertas a nuevas maneras de enfocar la búsqueda del bienestar. Sin embargo, aunque muchas de sus ideas calaron en la sociedad, su gran fracaso se situó en lo referente a este intento de vida comunitaria. Las ideas se mostraron insuficientes para sostener las nuevas formas de relación. La inmensa mayoría de comunidades se disgregaron y desaparecieron. El abismo entre los ideales de amor y armonía propuestos y la realidad personal y colectiva, provocaron insalvables conflictos de convivencia. El desencanto hizo que muchos hippies pasaran a convertirse más tarde en lo que vino a denominarse como yuppies. Empresarios urbanitas regidos por valores individualistas y neoliberales, el triunfo y las ganancias. Una contradicción que puso en evidencia la falta de unas bases solidas respecto a los valores previamente defendidos.

La absorción y la comercialización de las ideas, estética e iconografía hippie por parte de la sociedad, la acabaron de superficializar hasta diluir su esencia. Su influencia sin embargo, fraguó los cimientos de lo que vendría a llamarse el movimiento "New Age", nueva era, y más tarde del Crecimiento Personal.

New Age y Crecimiento Personal

La corriente "New Age" recogió el interés despertado por las temáticas existenciales y espirituales de esa época. Se caracterizaba por ser un movimiento muy heterogéneo y sincrético que buscaba la experimentación directa de "lo espiritual". El contacto con un estado de unificación y trascendencia; la paz, la armonía, el amor incondicional... Otorgando un destacado valor a la vivencia subjetiva, la intuición y la exploración de otras dimensiones de la consciencia. Una búsqueda cada vez más centrada en "el viaje espiritual personal" y más alejada de las causas sociales y la creación de nuevas formas de vida comunitaria.

El Crecimiento Personal es su heredero. En él se recogen muchas aportaciones provenientes de la Psicología, y sus objetivos se ciñen aún más en la transformación individual. Aunque también se trata de un movimiento dispar qué tiene, de hecho, importantes diferencias e incluso discrepancias entre muchas de sus líneas y propuestas, podemos identificar ciertos aspectos comunes.

Sincretismo: Se trata de corrientes donde se entremezclan la psicología, la filosofía, la espiritualidad y el esoterismo.

Desarrollo de potencialidades: El ser humano posee unas capacidades y unos potenciales que ha de descubrir y desarrollar.

Autotransformación: La felicidad pasa por la capacidad de cada uno para cambiarse a sí mismo. La evolución, la consciencia, el entendimiento, la actitud y la voluntad de cambio son algunas de sus piedras angulares.

Hace tan sólo unas cuantas décadas, era poca la gente que se planteaba siquiera la posibilidad de indagar en sus entresijos mentales y emocionales en pos de un mayor bienestar. El conformismo y la escasez de conocimientos disponibles para el gran público cubrían con un manto de invisibilidad ciertas oportunidades de transformación personal. Por fortuna las cosas han cambiado, y eso también es en parte, debido a la influencia de las líneas de autoconocimiento.

El Crecimiento Personal ha sido y es una manera de reunificar y aproximar la psicología, la filosofía y la espiritualidad a las personas. De adaptarlas a nuestra mentalidad en aras de una mejor comprensión de la existencia. Una oportunidad para muchos, de darse cuenta de aspectos nocivos de la propia vida y de abrirse a nuevas posibilidades y puntos de vista. De interesarse por uno mismo, por el ser humano y por todo aquello que podemos hacer para estar mejor. Un paso evolutivo lógico frente a una religión retrógrada y anquilosada, ahogada bajo el peso de sus propias manipulaciones; una filosofía demasiado lejos de las preguntas y necesidades cotidianas, y una Psicología que no ha sabido ganarse la confianza, ni la credibilidad de la gente. Muchos además, hemos tenido la valentía de ir más allá de los manuales y libros y experimentar en terapias y grupos de trabajo. De autoobservarnos, descubrir potencialidades y aspectos ocultos hasta entonces; e implícitamente también, abrirnos y colaborar con personas unidas por un mismo objetivo.

Los límites de lo "personal"

He vivido el Crecimiento Personal desde las dos vertientes, la de recibir y la de impartir trabajos de estas características. He obtenido cosas buenas y siento haber entregado también oportunidades y conocimientos valiosos. Con el tiempo sin embargo, he podido comprobar que existen vacíos e incoherencias en la mayoría de estas propuestas, y que tanto la gente que las recibe como los mismos profesionales, sufren y llevan en silencio, conflictos y graves contradicciones internas.

Tanto en el movimiento hippie, como en el New Age y el Crecimiento Personal existe la misma asignatura pendiente: las relaciones afectivas. Aunque sobre la teoría se trata de un tema ciertamente recurrente, en la práctica no se aborda con profundidad.
Las carencias y los conflictos relacionales pretenden ser erradicados
mediante la consciencia y el entendimiento. Por lo general, las
propuestas están enfocadas en no tener que necesitar, ni depender
de nada ni de nadie. Un intento de "autogestión" tras el que reside
una inconsciente negación de las propias necesidades afectivas. La
tendencia es la de "construirse una identidad positiva e independiente". El aferramiento a una identificación con "lo espiritual"
redirige el esfuerzo hacia el desarrollo de los potenciales ocultos.
Las limitaciones personales, los condicionantes y las necesidades
más primarias son por lo común dejadas de lado. Debido a este
sesgo, las tentativas teóricas sincréticas acostumbran a resultar superficiales y faltas de coherencia. Construidas entorno a criterios e
ideas que parten de un conocimiento de la naturaleza humana
parcial y poco sólido. Ungidas en un relativismo existencial utilizado de forma "conveniente" para bordear ciertas heridas y carencias irresueltas.

Los problemas originados en la relación deben ser transformados
mediante la relación. No es algo que podamos hacer solos. Necesitamos de personas que además de ayudarnos a identificar y limpiar
las lesiones ocasionadas por la falta de amor, subsanen nuestras
carencias con gestos honestos y de corazón. La dificultad que to-

dos tenemos para ir en esta dirección da muestra del daño y la desconfianza que hospedamos. Es aquí donde se hace necesaria una nueva concepción de los procesos de transformación. Desde un punto de vista sistémico el desarrollo requiere de una interacción, de un intercambio. Todo crecimiento es interpersonal.

DISYUNTIVAS

¿Cambio o transformación?

Aunque similares, cambio y transformación son términos que pueden encaminar hacia direcciones divergentes e incluso contrapuestas.

En la mayoría de corrientes de Crecimiento Personal predomina la idea del cambio. El énfasis está puesto en identificar hábitos, emociones, pensamientos y conductas que se consideran inadecuados y substituirlos por otros. Un intento de modificación parcial que parte de los deseos y las formas externas, y cuyo objetivo es alcanzar los ideales que uno se ha propuesto.

La transformación, desde un punto de vista sistémico, no pretende eliminar, suplantar o sustituir lo existente, sino reconvertirlo en algo más adecuado para el equilibrio del sistema. Es una transición que se produce de dentro a fuera, de manera orgánica y global.

Todo comportamiento tiene, lo percibamos o no, un sentido, una función adaptativa. Los procesos de transformación requieren, por consiguiente: una consciencia que permita penetrar de forma sentida en el origen del comportamiento, una compresión global de lo que está sucediendo, y una dirección que favorezca el despliegue de la vida.

Paula tiene treinta años y ha sufrido obesidad desde la adolescencia. En los últimos tiempos, aludiendo a cuestiones de salud y estética, su pareja y entorno familiar la presionaron para que perdiera peso. Decidió someterse entonces a una serie de dietas estrictas que no funcionaron como esperaba. Finalmente optó por un balón gástrico. Con esta técnica ha logrado perder más de quince kilos. Paula ya no está "gorda", pero ahora padece depresión. Ha ido sumiéndose en un estado de tristeza profunda. Se siente desprotegida, con episodios de paranoia y un fuerte miedo a relacionarse.

La intervención médica ha cambiado su cuerpo, pero nadie ha tenido en cuenta la función de su obesidad en su estructura defensiva. El balón gástrico ha provocado cambios corporales, pero ella no ha dispuesto de condiciones adecuadas para transformar conscientemente el patrón de organización en el que se sustentaba su obesidad. Ahora se encuentra sin el equilibrio que había logrado establecer y sin alternativas para hacer frente a la situación.

La tendencia a forzar los cambios acostumbra a tener consecuencias imprevisibles, haciendo válido ese dicho de que a veces es peor el remedio que la enfermedad. Para hallar formas de adaptación más saludables y liberadoras hemos de tener en cuenta los procesos y los patrones de organización, no sólo la estructura o la forma externa.

¿Fallos o carencias?

Durante la infancia, cuando Carmen se sentía mal y lo expresaba abiertamente sus padres se molestaban con ella: "¡No te das cuenta que no es para tanto!", "¡Lo que te pasa es que eres hipersensible!", "¡Te ahogas en un vaso de agua!". No sólo no recibía la ayuda afectiva que necesitaba sino que además la rechazaban al mostrar su sufrimiento. Ahora si se siente alterada tiende a considerarse "problemática". Piensa que "hace las cosas mal", que es incapaz de estar bien porque hay algo malo dentro suyo. Cree que si es descubierta en su malestar será humillada por la gente de su entorno. Carmen se pasa el día autopsicologizándose, dando vueltas a la posible causa de sus "problemas"; buscando soluciones a sus "defectos" en libros, cursos y todo tipo de terapias, pero sigue tratándose desde el mismo patrón de relación que recibió de sus padres. Es dura y tajante; se juzga y se culpa por no ser como "debería". Se recrimina por sentir lo que siente. Al no poder observarse de manera clara y respetuosa se encadena en una espiral de autodesprecio y exigencia.

Estamos tan acostumbrados a este estilo autodenigrante que no nos damos cuenta de su perversidad. Desde mi punto de vista, la pregunta a formularse para salir de estos bucles no es tanto qué hacemos mal, sino cuáles son las carencias inconscientes que residen en el origen de ese malestar. Las dificultades, incoherencias y comportamientos patológicos no son más que la parte visible de esta insatisfacción mal resuelta; formas alternativas de suplir la aceptación, el calor y el contacto de las personas.

Las carencias no pueden ser contempladas ni atendidas cuando la ayuda que recibimos y nos ofrecemos está centrada en encontrar los fallos que cometemos. Para reparar el daño que albergamos hemos de ser acompañados en el reencuentro de nuestro profundo sentir.

¿Progreso o contacto?

La mayoría de líneas de autoconocimiento giran entorno al concepto de la "evolución personal". "La autosuperación" acostumbra a asociarse a un camino individual y solitario; "nacemos solos, morimos solos", "lo importante es avanzar y no apegarse a nada ni a nadie", "es uno mismo quien ha de estar bien; no hay que depender ni necesitar nada de nadie". Esta comprensión del crecimiento se concreta en retos como la consecución de más consciencia, más energía, más "poder personal", etc. Una visión que es reforzada con la creencia de que la vida es un sendero de pruebas a superar.

Abel hace bastantes años que realiza trabajos de autoayuda. Ha descubierto técnicas e ideas que le han resultado valiosas. Con el tiempo, sin embargo, ha empezado a vivir un aumento de la exigencia hacia sí mismo que le provoca un estado de nerviosismo y obsesiva autoreflexión. Se dice: "Debería compartir más con los demás", "no tendría que enfadarme por esas tonterías", "no debería mirar de esa manera a las mujeres"... Desde la culpa intenta redimir sus "debilidades" aumentando su nivel de autoexigencia. Esta presión por tal de lograr sus elevadas aspiraciones morales y espirituales lo agota. Los comportamientos compulsivos y autodestructivos acaban cerrando una espiral de la que no encuentra salida.

Cualquier idea de evolución desarraigada de las verdaderas necesidades humanas está condenada a la insatisfacción, la soledad y la locura. La pretensión de avanzar sin tener que necesitar ni depender de nadie es la gran utopía de nuestros tiempos. Nuestra sociedad está impregnada hasta la médula de esta manera de proceder. Durante la crianza y la educación se nos urge a renunciar cuanto antes a nuestras necesidades afectivas para poder adaptarnos al ritmo que marcan las demandas sociales. El desarrollismo industrial y económico se sustenta y justifica en pautas similares. Tenemos que hacernos adultos a paso ligero; personas responsables y eficaces; técnicos especializados; piezas óptimas y exitosas de la cadena productiva. "Crecer o morir" es el lema de multitud de profesionales y empresarios, que en su lucha competitiva, pierden de vista que la calidad de vida es algo más que el crecimiento, el progreso y el atesoramiento.

La extendida idea de los retos vitales o "pruebas divinas" a superar, está anclada en la ingente cantidad de obligaciones que nuestros seres queridos nos impusieron e imponen utilizando su atención y afecto como moneda de cambio. Una antropomorfización que mina la posibilidad de acceder a una comprensión más respetuosa de nuestra naturaleza humana.

Para ejemplificar este apartado recomiendo la película "Into the wild", en español: "Hacia rutas salvajes". Una historia basada en hechos reales, que muestra lo que puede llegar a suceder cuando coinciden el deseo de libertad y la creencia de que, para lograrla, hay que renunciar a las necesidades relacionales.

Hemos sido educados para mostrar sólo lo que se espera de nosotros, pero el que ha podido percibir la espontaneidad de los niños sabe que no hay nada más divino que la expresión desde la esencia. Abrirse a la vida es abrirse a lo que hay, no a lo que debería ser.

EL SÍNDROME DEL SALVADOR

El síndrome del salvador es aquel en el que la persona intenta compensar sus propias carencias ofreciendo ayuda de forma compulsiva.

En la Psicología Psicodinámica existe un mecanismo defensivo llamado "reactividad" que alude a esta conversión del tipo "cuanto más necesito más ofrezco". La motivación no reside en un pretendido altruismo, sino en una negación de las propias necesidades. La ayuda desde este lugar acostumbra a carecer de una verdadera entrega pues quien no se siente a sí mismo no puede ofrecerse como persona. La "falsa bondad" siempre está, de un modo u otro, imbricada en este mecanismo.

Orígenes

Las manipulaciones de los padres para que los hijos cumplan sus expectativas, y se hagan cargo de sus necesidades y obligaciones están en el origen de este tipo de comportamiento.

Martina tiene sólo cuatro años pero ya empieza a comportarse como una adulta. Intenta no ensuciarse y se pone muy nerviosa cuando encuentra alguna mancha en sus vestiditos. Ha aprendido a decir hola y adiós cada vez que llega o sé va de un lugar. Da las gracias con cordialidad y pide constantemente permiso a los adultos de su alrededor para coger objetos o moverse por el espacio. Su comportamiento es "extraordinariamente" correcto; los adultos de su entorno parecen encantados con ella, pero una mirada atenta descubre algo extraño; sus movimientos han perdido soltura y espontaneidad, y en su sonrisa forzada y su triste mirada se dibuja un malestar interno difícil de definir.

Para evitar ser rechazados poco a poco aprendemos a aparentar una imagen de persona segura, responsable y contentada. Escondemos las verdaderas necesidades e impulsos suplantándolos con roles de "buen chico" y "buena chica".

Que un niño renuncie a sus necesidades y obedezca "poniéndole las cosas fáciles a papá y a mamá" suele ser algo apreciado por los adultos, pero este hecho conlleva siempre y en alguna medida, perjudiciales secuelas relacionales.

¿Cómo se manifiesta?

La mayoría hemos sufrido estas "bien intencionadas" formas de manipulación; nos hemos convertido en personas "buenas" y "sensatas" y ahora queremos que los demás también lo sean, y además, a nuestra manera. Qué no se quejen, qué confíen, qué sean alegres... Qué no den problemas.

El malestar de los demás desvela el propio, y eso es algo que intentamos evitar.

Cuando estamos presos del síndrome del salvador el objetivo no es acompañar al otro en sus males, sino intentar taparlos y sellarlos cuanto antes.

Para el "salvador" lo importante es lograr cambiar a las personas; cambiar sus síntomas y sus expresiones, su manera de ser. Como esto raramente sucede, o al menos no de la manera esperada, se siente defraudado y no tardan en aparecer los juicios despreciativos hacia el ayudado: "Es un desagradecido", "parece que quiera estar mal", "en el fondo creo que ya le está bien pasarse la vida sufriendo". La ayuda entregada desde este lugar siempre va acompañada de una carga subterránea de desprecio y odio hacia la condición humana.

Autocuestionamiento

Como ya he dicho antes, todos estamos expuestos a incurrir en esta falta de respeto hacia los demás, porque de una forma u otra hemos sido tratados desde estas actitudes manipuladoras. El gran peligro que corremos los terapeutas y educadores es el de dedicarnos a intentar cambiar a la gente para huir del propio dolor.

Propongo un ejercicio de autocuestionamiento antes de decidir cuidar a alguien:

¿Quiero realmente ayudar a esta persona? ¿Me interesa como persona? ¿Tengo la disposición adecuada? ¿Estoy capacitado? ¿Siento que tengo cosas buenas para ofrecerle? ¿Qué motiva mi ayuda? ¿Estoy intentando compensar mis propias necesidades, carencias o sentimientos de culpa? ¿Cómo me siento? ¿Estoy abierto a escuchar sin juzgar lo que le pasa?

FORMAS DE FALSA BONDAD

A continuación quiero detallar algunas formas habituales dentro del ámbito del Crecimiento Personal, la espiritualidad y las terapias alternativas.

Juicios gratuitos

Están por ejemplo, los especializados en poner etiquetas a la manera de ser: "Tú haces pinta de ser un cinco en el eneagrama", "yo creo que tu personalidad es oral demandante con rasgos paranoides"; "por tu letra diría que eres bastante egocéntrico", o... "Se nota que eres un Tauro por tu cabezonería". Juicios largados muchas veces antes de los primeros cinco minutos de conocerse. Están los que te dan, lo quieras o no, una explicación a tus problemas físicos o mentales: "Ese dolor de riñones te ha venido porque estás mal con tu pareja", y lo rematan diciéndote lo que tienes que hacer antes de que te dé tiempo a abrir la boca: "Yo creo que deberías perdonarla y buscar la parte positiva de la relación".

Furor salvacionista

La religión ha sido y es la representante por excelencia de una tendencia redentora que podríamos denominar como furor salvacionista. En ésta, la represión de los impulsos y necesidades de relación es intelectualizada mediante moralismos, pautas de conducta y verdades absolutas; en su supuesto afán filantrópico se autoerigen como adalides "del bien y el amor", y pretenden que pensemos y nos comportemos como dictan. Durante la edad media, para ayudar a salvar su alma, los inquisidores quemaban vivos a los impíos que no pensaban como ellos; los misioneros hacían y hacen sentir indignos y culpables a los indígenas por no actuar y vestirse según las "leyes divinas", y en la actualidad, se sigue promoviendo la idea de un Dios que nos ama, pero que a su vez, si nos portamos "mal", es decir, diferente, nos castigará condenándonos a las llamas eternas del infierno.

Pero más allá de estos burdos estilos manipuladores que se huelen a la distancia y que afortunadamente se hallan en retroceso, existen muchos otros de nueva factura, no tan evidentes. Dentro del Crecimiento Personal y los nuevos movimientos espirituales por ejemplo, existen versiones más refinadas y depuradas con el mismo trasfondo. Formas sutiles de intentar embutir creencias y comportamientos que poco o nada tienen que ver con la ayuda y mucho con la huida de uno mismo. Actualmente está bastante extendido un estilo que podríamos denominar "positivismo"; una práctica mental consistente en intentar ver la parte positiva de todo lo que sucede. Un movimiento que por lo general, menosprecia a todos los que según su parecer, adolecen de su "compresión" y "compasión".

Los estilos apocalípticos suelen tomar su fuerza y hacen su peculiar marketing explotando el miedo a un futuro devastador. También están los nuevos apóstoles del esoterismo y lo paranormal que pretenden convencer de lo crucial que es para todos, creer en seres extraterrestres y hasta intraterrestres, abrir canales de energía telúrica en la tierra para salvar la humanidad, o sutilizar el aura para acceder al amor universal.

Injerencias inapropiadas

En el campo de las terapias alternativas las extralimitaciones son un hecho común y normalizado. Es muy habitual encontrar a profesionales que se dedican a abordajes sintomáticos haciendo interpretaciones psicológicas y dando consejos sobre como deberíamos comportarnos. Considero que cuando va a realizarse este tipo de injerencias, los profesionales habrían de advertirlo con anterioridad. Como normalmente éstos no son concientes de cuando están extralimitándose, es importante que al menos nosotros tengamos claro de antemano, que es nuestra responsabilidad valorar y decidir si queremos exponer nuestra intimidad.

María va a hacerse un masaje para aflojar la espalda. A media sesión el masajista le comenta: "Esta tensión en la zona alta tiene que ver con la rigidez emocional y el miedo. ¿Sientes miedo últimamente? María se siente violentada, aunque enseguida se le despierta la culpa, "encima que intenta ayudarme", piensa. Así que le confirma que efectivamente lleva una temporada sintiéndose un tanto angustiada; él le responde entonces con una larga serie de interpretaciones prejuiciosas sobre el porqué cree que le pasa y qué debería hacer para calmarse. María se marcha tan o más tensa que cuando llegó. Su dificultad para poner un límite la ha llevado a sentirse invadida y juzgada a la ligera.

Cuando uno pide ayuda da siempre y en alguna medida, un poder a la otra persona. Las extralimitaciones pueden hacer que uno se sienta fácilmente culpable al creer que se está resistiendo a recibir el cuidado que le es ofrecido; conviene saber que en muchos casos sin embargo, el conflicto está siendo creado por el terapeuta al arrastrarnos a un lugar y una tesitura que no le corresponde.

Cuando la forma de intervención no es consensuada ni debidamente explicitada con anterioridad, desvirtúa la labor terapéutica, confunde, y perjudica la futura demanda de ayuda a otros profesionales. Estamos tan acostumbrados a esta manera de proceder que parecemos ignorar que decirle al otro lo que tiene que hacer es un ejercicio de suplantación y desconfianza.

Si reconocemos que estamos sufriendo estas "bienintencionadas invasiones", podemos aprovechar la ocasión para pararnos un momento e intentar resituarnos: ¿Me siento escuchado? ¿Me siento cómodo? ¿Estoy receptivo y disponible para abrir mi intimidad a esta persona? ¿Qué me llega de ella? ¿Me está dando la clase de ayuda que le he pedido?

Mirado desde una perspectiva relacional, muchas de estas prácticas parecen estar diseñadas para evitar la interioridad de las personas y las dificultades propias de la interrelación. Por otra parte, y más allá de la validez del tratamiento en sí mismo, creo que la pregunta realmente importante es: ¿cuál va a ser la ayuda que vamos a recibir a continuación? ¿Quién va a estar ahí atendiéndonos de forma comprometida cuando el conflicto de fondo se destape?

Por muy nobles que sean nuestros deseos, hay ciertos ofrecimientos que no pueden entregarse desde la distancia y la falta de contacto.

Justificaciones injustificables

Ateniéndonos a la biología y al desarrollo humano podemos afirmar que hay comportamientos buenos y comportamientos malos. Los buenos son los que respetan y favorecen el despliegue y la expresión de la vida, los malos, aquellos que atentan contra ella. El relativismo y la ambivalencia desde este punto de vista no tienen lugar.

La negación del daño que hemos recibido hace que tengamos serias dificultades para discriminar entre unas y otras conductas. Nos convierte en víctimas incapaces de defender con fuerza la propia integridad y la de los nuestros; y también en verdugos inconscientes ejecutando por activa y por pasiva un maltrato que no atisbamos a sentir.

En muchas líneas de autoconocimiento, al tocar ciertos temas personales o relacionales delicados y comprometidos, aparece una propensión a relativizar lo que sucede. En este sentido, es frecuente encontrarse con contradicciones como: "Lo importante es expresar lo que sientes", y paralelamente: "hay que intentar comprender a los demás y ponerse en su lugar".

Jaime hace tiempo que intenta superar su adicciones al alcohol y el tabaco. Empieza a ver la relación de éstas con la desatención y el maltrato recibido en su familia; la ausencia afectiva de su madre, el despótico autoritarismo de su padre, el abandono padecido durante años en un internado... Ha ido a diversos terapeutas pero llegados a cierto punto, todos, de manera indefectible, lo remiten a un intento de entender a sus padres; a comprender porqué hicieron lo que hicieron y a perdonarlos. En esos momentos Jaime siente alivio, pero al poco vuelve a estar donde empezó. La relación actual con su familia tampoco mejora, la incomunicación sigue siendo la misma. Sus padres por su parte, eluden cualquier conversación acerca de la situación, zanjándola con un "¡eso forma parte del pasado!". Jaime a veces sufre fuertes abscesos de culpa por no poder amarles, pero tampoco puede dejar de sentir hacia ellos una insalvable distancia.

Sus padres no quieren ver el daño de su hijo y no pueden por tanto ofrecerle verdad y consuelo, y por lo que parece, sus terapeutas tampoco. Pero para que Jaime pueda salir de la espiral de autodestrucción y dirija su fuerza hacia aquellos proyectos y personas que lo nutren, necesita identificar el origen de su tormento interno; sentir y liberar su daño; sólo así logrará recuperar su dignidad y decidir que quiere hacer con su vida.

La justificación de los comportamientos dañinos parte siempre y en alguna medida, del mismo mecanismo psicológico de defensa que nos llevó y nos lleva, a proteger la relación vincular con los padres. Intentar verlos como "buenos" aunque estos actúen "mal", es una necesidad de supervivencia. Esta forzada conversión de papeles en las que acabamos amparando a quienes deberían precisamente cuidar de nosotros, acarrea un estado confusional de graves repercusiones tanto personales como sociales.

Relativizar los actos dañinos y negar nuestros sentimientos nos permite sobrevivir y mantener una aparente sensación de invulnerabilidad, pero deja maltrecha nuestra capacidad para identificar las agresiones.

Para afrontar estas cuestiones hace falta revisar la calidad del "amor" que hemos recibido y el que entregamos. Supone remover los cimientos afectivos; cuestionar los lazos vinculares en los que nos sustentamos. Esta tarea no es posible sin un proceso de revinculación positiva a la vida, sin una nueva base afectiva y relacional en la que apoyarse. A nivel terapéutico este recorrido es probablemente, el más delicado y comprometido que pueda realizarse.

A menudo desde fuera, se confunde este trabajo con un querer culpar a los padres del propio malestar. No dudo que haya gente que por diversos motivos pueda quedarse anclada en ese lugar, pero lo cierto es que la culpa aquí no tiene función alguna. Se trata de que cada uno asuma la responsabilidad que le corresponde, para poder construir nuevas y sanas vinculaciones; para crear una sociedad más humana y menos corrompida en sus valores, y evitar que esta cadena de abuso y falta de respeto se extienda como una plaga transgeneracional.

Represión de las expresiones

En general, cuando éramos pequeños, al expresar el malestar, nos reprobaban e incluso humillaban: ¡No ves que no es para tanto¡ ¡Si te pones así por esta tontería no sé que te pasará cuando realmente sea grave! ¡Deja ya de comportarte como una criatura! ¡Te ves muy feo cuando lloras! ¡¿Se puede saber qué narices te pasa?! ¡Como no me digas que lo que te pasa seré yo quien te dé motivos para llorar! Poco a poco aprendimos a esconder el dolor. Pero el desamparo y la impotencia que no podemos vivenciar abiertamente se encapsulan y se trasladan hacia otras figuras y a otros ámbitos. Se convierten en una insidiosa y persistente sensación de abuso e injusticia. Como adultos nos pasamos la vida inventando "malos" en gente desconocida, creando luchas deportivas, religiosas o políticas o de cualquier otra índole, encubriendo con ruido de sables aquellas carencias y personas que más han herido nuestro corazón.
La ironía, la crítica corrosiva, la queja constante o la indiferencia, también acostumbran a esconder malestares profundos ungidos en la represión sufrida durante la infancia.

Muchas líneas psicológicas, filosóficas y de autoayuda insisten en lo perjudicial de las expresiones abiertas y directas del malestar. Se hallan instaladas en una especie de cruzada contra cualquier expresión que implique mostrar el desagrado, el rechazo o la confrontación directa. Para muchos enfoques el objetivo es conseguir ver sólo "la parte positiva de las cosas", que "entendamos" más a los demás y desistamos de las "incivilizadas" expresiones de desazón. Este afán por mantener una autoimagen inalterable, calmada y comprensiva es con frecuencia, una continuación narcisista y racionalizada de las formas y los buenos modales en que hemos sido adiestrados desde pequeños.

Desde mi punto de vista, cuando estos planteamientos se limitan únicamente a señalar y a intentar eliminar estas actitudes, no están haciendo más que reforzar el mismo patrón de coerción sin ofrecer una comprensión sobre su verdadero origen. Unas directrices que pueden dejarnos desarmados, incluso, frente a situaciones de flagrante injusticia y abuso, que requieren de un posicionamiento firme y sin ambages.

Si bien es cierto que los campos emocionales tienden a retroalimentarse a sí mismos, y que contener ciertos abscesos emocionales puede, en un momento dado, resultar conveniente, la solución a nuestro malestar y presión interna no pasa por un constante ejercicio de autocontrol emocional. Eso suele llevar a un nuevo estilo de represión que tarde o temprano encontrará la manera de salir a la superficie creando de forma inconsciente somatizaciones o situaciones de conflicto relacional desde las que justificar su expresión o simplemente explotar. Si realmente queremos ayudar a alguien a transformar el sufrimiento de fondo, tenemos que entrar dentro del síntoma. Ver por ejemplo qué esconde esa rabia ¿Qué es lo que realmente le tiene tan molesto? ¿Quién? ¿Por qué?...

Lo primero que necesitamos para profundizar en estos conflictos es sentirnos aceptados en nuestra confusión y contradicción emocional. Contar con personas que puedan respetarnos y acompañarnos mientras nos mostramos rabiosos o enfadados. Poner luz en esa parte oscura en la que escondemos el monstruo interno.

Desde ciertos enfoques se promueve y provoca la descarga emocional y la catarsis; sin embargo hay que tener presente que no se trata simplemente de des-cargarse, sino de profundizar en el origen del mal y también y sobretodo, de recibir un contacto humano reparador que nos aproxime a nosotros mismos y a los demás. La misma disponibilidad, comprensión y cercanía que hubiésemos necesitado recibir de nuestros padres cuando surgían los conflictos.

En el ámbito terapéutico el margen de permisividad expresiva está determinado por el recorrido personal de cada terapeuta; por su propia consciencia e integración de las partes oscuras del ser. Si alguien viene a pedir ayuda y la expresión de su malestar (queja, rabia, odio, desesperación, etc.) nos "toca" demasiado, lo más honesto sería decirle que no podemos o no queremos estar con lo que le pasa, y derivarlo a alguien que sí pueda estar con tranquilidad y de corazón. Este ejercicio de sinceridad es sin duda mucho mejor que iniciar una supuesta ayuda repleta de cortapisas y manipulaciones que no hará más que reforzar la culpa y el distanciamiento del paciente consigo mismo.

Para traspasar el sufrimiento originado en la falta de amor no basta con "ver la parte positiva de la vida", también hay que dar respuesta al malestar.

CONFUSIONES HABITUALES

Diferencias entre los hechos y las explicaciones

Hace poco salió a la luz pública el caso de Prahlad Jani, un hindú de ochenta y dos años que afirma haber pasado más de setenta años sin comer ni beber. Tras ser sometido a varios estudios científicos se ha podido constatar que efectivamente no come ni bebe. Según sus explicaciones, se fue a los siete años de casa para vivir como un monje errante y un año más tarde fue bendecido por la diosa Durga que le tocó la lengua, creando un agujero en su paladar a través del cual gotea néctar desde su cabeza.

Si nos paramos por un momento a sentir qué nos pasa ante historias sorprendentes como la de Jani, seguramente podremos ver como aparece cierta excitación interna, una mezcla de curiosidad y desconcierto. Y la reacción puede ir desde la negación categórica del hecho: "¡Eso es imposible!", hasta la asunción incondicional de la explicación que se plantea: "¿Quien será esa diosa Durga? Yo también quiero que obre el milagro en mí".

A todos nos impresionan y extrañan hechos como estos, pero sea como sea, a veces, suceden.

Tomando esta historia como punto de partida, presentaré algunas confusiones que aparecen con frecuencia ante hechos desconcertantes.

Idealizaciones

Al aceptar ciertas historias extraordinarias o de apariencia paranormal (adivinaciones, visiones, curaciones...) tendemos a idealizar
a la persona, a creer que se trata de un sabio o un "iluminado" que
tiene poderes especiales, y que todo su ser se encuentra en "otro
nivel". Perdemos así de vista lo que de verdad importa, que no se
trata de lograr o ponerse al alcance de poderes sobrehumanos, sino
de ser más humanos, más sensibles, más honestos.

Igual que existe una obsesión enfermiza por los productos materiales de consumo, existe otra de carácter existencial o espiritualista.
Una seducción por las formas y los fenómenos de apariencia paranormal y metafísica que nos aleja del verdadero contacto con la
vida. Un lugar desde el que nos confundimos y nos confunden.

Querer creer en el milagro

Por lo general queremos creer que nuestra vida puede cambiar
radicalmente a través de un hecho puntual. Que el sufrimiento
puede desvanecerse a partir de una revelación, una sanación espiritual, una terapia milagrosa, un ritual chamánico, un libro... Cualquier fórmula o producto es susceptible de convertirse en panacea.
El elemento clave en estos casos es evitar tomar consciencia de las
carencias y el desierto afectivo en el que sobrevivimos.

Evidentemente hay hechos valiosos que pueden marcarnos para
bien, pero si somos sinceros convendremos que la mayoría de estas
expectativas mágico-transformadoras surgen de un lugar de desesperación y contradicción interna.

Interpretaciones marcadas por el pasado

A continuación quiero poner un ejemplo donde se entrevé como la desesperación, los miedos inconscientes y nuestra historia personal pueden guiar nuestras creencias y decisiones. Lucía contacta a través de un anuncio de prensa con un vidente. Hace años que se encuentra mal de salud. Sufre mucho y quiere una explicación y una solución urgente a su malestar. El vidente le sugiere la posibilidad de que alguien puede haberle echado un "mal de ojo". Durante la conversación sale la historia de un hermano suyo que murió hace unos diez años de forma traumática en un accidente. El señor afirma entonces que sin duda es su hermano quien le está perjudicando desde el más allá, y que para deshacerse del mal debe hacer un complejo ritual previo pago de dos mil euros. Le garantiza resultados inmediatos. Se queda perpleja pero también excitada ante la posibilidad de acabar con su "problema". Finalmente accede pero el problema no se resuelve, y ahora además no deja de rondarle la idea que tiene un enemigo más allá de los confines terrenales.

Lucía se ha pasado toda su vida en un entorno hostil, con constantes faltas de respeto a su persona. Utilizada primeramente por sus padres, en un entorno machista y despótico, y más tarde por su marido y la gente de su trabajo. Por todo ello, la interpretación del vidente respecto a que alguien pueda estar haciéndole daño intencionadamente, le cuadra y la asume como cierta.

Interpretaciones radicales

Para dar sentido al sufrimiento empleamos mecanismos que suelen conducirnos a posicionamientos radicales. Uno de ellos consiste en identificar al "culpable" de nuestro malestar. Eso desata confusiones paranoicas del estilo: "tú eres malo y yo soy bueno" o bien: "los demás son buenos y yo soy el malo". La credibilidad que damos a estas conclusiones acostumbra a sustentarse a su vez, en la creencia que: "cuanto mayor es mi grado de alteración emocional, más cierta es mi interpretación". Como esta clase de interpretaciones nos sitúan en un lugar de posible agresión o pérdida del otro, todo parece encajar perfectamente con lo que sentimos. Las sensaciones y las emociones se retroalimentan con estos razonamientos, creando una espiral que nos saca de la realidad inmediata y que puede conducirnos por ejemplo a una crisis de pánico. En cualquiera de los casos, el terror, la soledad, el desamparo y la culpa que albergamos, encuentran una oportunidad para salir a flote.

Ramón está en una ceremonia chamánica y empieza a sentirse mal, un fuerte dolor en su pecho lo aturde. Cuando llega el momento de compartir lo que le sucede con el grupo estalla en un llanto que reprime inmediatamente y empieza a acusarse a sí mismo: ¡Soy un desconfiado! ¡Soy un egoísta! ¡Debería abrirme más, compartir más! Empiezan a venirle ideas sobre cosas que podría hacer para expiar su maldad: Ir más a menudo a ver a sus padres. Apuntarse a una ONG. Vender su coche e ir en transporte público. Pero esos pensamientos no lo tranquilizan se siente mal, incapaz, impotente, pequeño.

Este es otro ejemplo: Cristina está con un grupo de amigos, pero esa noche se siente desplazada. Sus dos mejores amigas están hablando animadamente con otra gente. Se nota nerviosa, no sabe como comportarse ni a donde ir. Cree que la están rechazando. Poco a poco se va autoexcluyendo, confirmando en cada gesto de sus amigas un acto que prueba el desprecio hacia ella. Después de un rato se acerca a ellas, y visiblemente alterada les dice que se va y que no la vuelvan a llamar.

Tanto Ramón como Cristina han dado por hecho que su malestar está causado por algo maligno, en el primer caso su propio egoísmo, en el segundo, el rechazo de sus amigas. Probablemente, si se les pregunta, ambos afirmarán con rotundidad que su interpretación es cierta porque en ese momento lo sentían de forma clara e intensa.

Lejos de ofrecer luz, muchas propuestas refuerzan este tipo de interpretaciones y conflictos. El caso más evidente es por ejemplo el de la religión católica y su empleo del concepto moral del bien y el mal, representado por la eterna lucha entre los buenos y los malos; Dios y el diablo. Por su parte muchos regímenes políticos de apariencia democrática impulsan, amparados por esta misma simplificación, guerras y genocidios, llegando incluso a distinguir entre ejes del bien y del mal. Un gran número de movimientos supuestamente alternativos y espirituales inciden también en estas explicaciones causales: O bien alguien está haciendo daño y es culpable de lo que nos pasa ("Eso que te pasa es porque fulanito te está robando la energía"), o bien hay algo malo dentro nuestro que debemos erradicar ("Debes acabar con tu ego").

Desde este lugar de inseguridad y desconexión podemos pasarnos la vida entera inmersos en una trama persecutoria de "buenos" y "malos"; una fantasía retroalimentada y mantenida por los temores propios de cada tiempo, religión, política y sociedad.

Dado que las agresiones vividas y reprimidas durante la infancia son el motor de este estado de paranoia colectiva, para orientarnos en la realidad necesitamos conocer y situar las heridas biográficas; de lo contrario permanecemos confundidos, reviviendo una y otra vez las mismas experiencias que tuvimos que negar. Necesitamos poner luz y verdad a nuestros orígenes para comunicarnos de forma directa y cercana; para vivir el presente con dignidad, dirección y fuerza.

¿Qué es el ego?

El "ego" es la idea y el sentimiento de identidad personal, y está determinado por nuestro carácter; por la forma en la que nos hemos estructurado psíquica y emocionalmente para adaptarnos al entorno.

Si durante el proceso madurativo sufrimos precariedades afectivas, el ego se constituye de manera defensiva y rígida. Este hecho comporta una serie de consecuencias que considero cruciales a la hora de comprender el comportamiento humano. Veamos algunas de ellas:

Narcisismo

Adolecer de un reconocimiento consistente por parte de las personas con las que nos vinculamos durante la infancia, daña la percepción y la valoración hacia nosotros mismos. Esta dificultad para acceder a una vivencia clara y directa de quienes somos hace que debamos sostener la identidad en ilusiones narcisistas; autoimágenes basadas en la comparación que proporcionan una mínima sensación de integridad identitaria.

Creerse mejor que los demás (física, mental o emocionalmente) es una característica propia de un ego establecido desde una falta de un aprecio directo y sentido por parte de las personas con quienes estamos emparentados.

Dificultades de relación

Cuanta más escasez de registros positivos recibimos durante la infancia (confianza, respeto, apoyo, entrega...) más tenemos que aferrarnos a la autoimagen que hemos construido para poder sobrevivir. El ego se convierte así en nuestra "tabla de salvación". En la mayoría de los casos, el único recurso del que disponemos para hacer frente a la precariedad afectiva.

La identificación con una fantasía de nosotros mismos confina gran parte de los recursos mentales, emocionales y corporales al mantenimiento de roles y autoimágenes, provocando una severa limitación en la capacidad para relacionarnos de manera espontánea.

Deseo, confusión y autodestrucción

La estructuración defensiva se origina y provoca un estado de des-membración interna entre las sensaciones, las emociones y el inte-lecto. Nuestro movimiento pasa así a vagar regido por la atracción y un fluctuante carrusel de deseos. Los pensamientos y emociones atienden a inercias caracterológicas, sociales y ambientales. A falta de una verdadera satisfacción empleamos substitutivos; conductas adictivas y autodestructivas ungidas de un modo u otro, en algún tipo de perversión del impulso original. Comportamientos y esta-dos que de manera más o menos exitosa intentamos dominar me-diante un extenuante ejercicio de autocontrol.

Culpa

La tendencia a la culpabilización es otro recurso adaptativo inhe-rente a un ego estructurado ante la falta de afecto. Para apartar del cuerpo, la mente y el corazón la devastadora vivencia de no sentir-nos profundamente amados, empleamos inconscientemente el circuito de la culpa. Al culparnos y culpar a los demás por hechos más o menos trascendentes, convertimos el punzante y crudo do-lor causado por la falta de amor en un estado difuso y persistente de sufrimiento. Un estado desde el que intentamos con más o me-nos éxito, identificar y separar a los "buenos" de los "malos". Al actuar de este modo nos vemos abocados repetir con las personas de nuestro entorno, las mismas experiencias de frustración y des-encuentro normalizadas originalmente en la relación con nuestros padres.

La malversación del ego

Son muchas las líneas místicas, psicológicas y de conocimiento que tienen constancia de esta "locura adaptada". Algunas han logrado además, describir, detallar y sistematizar parte de la ingente cantidad de incoherencias y contradicciones que profesamos. La mayoría sin embargo, se dedican a situar el origen de todos nuestros males en el ego, cuando en realidad la forma que éste ha adoptado es la consecuencia de un crecimiento en un entorno de desamor. Las líneas que se dedican en cuerpo y alma a demonizarlo están en auge. Parecen haber encontrado la gallina de los huevos de oro, el anatema, el enemigo perfecto contra el que luchar. Algunos se atreven incluso a afirmar que el camino de evolución personal reside en dar muerte a este también llamado "falso yo" en pos de un "yo superior".

Seguramente todos los que hayan estado cierto tiempo en ambientes "alternativos" estarán de acuerdo conmigo, que el ego se ha convertido en el enemigo público numero uno.

Durante toda la historia de la civilización, la sociedad occidental y oriental ha logrado escudar las agresiones e irresponsabilidad de sus progenitores empleando imaginarios animistas y religiosos. Luchas celestiales entre el bien y el mal y toda clase de abstracciones simplistas y moralizadoras; culpando a figuras malignas invisibles e imposibles de encarar (el ejemplo más cercano en la tradición judeocristiana es la efigie de Satán). Ahora que la religión en occidente está en declive, el concepto del "ego" se ha convertido en el nuevo chivo expiatorio, justificando y encubriendo una vez

127

más, la miseria afectiva y la ineptitud de nuestros padres de carne y hueso y otras figuras de autoridad.

Desprecio encubierto

El ego y todo lo que creemos asociado a él (egoísmo, orgullo, vanidad, etc.) vuelve a ser el pretexto perfecto para descargar la ira reprimida. Basta por ejemplo, que alguien con un estilo que nos es ajeno se pronuncie con claridad y contundencia para colgarle el cartel de "poseído por el ego". Recuerdo una situación en un entorno "espiritual" donde una pareja explicaba sus proyectos personales de forma apasionada; de repente la persona que los atendía, calladamente indignada, les espetó de forma tajante y reprobatoria: "¡Ustedes tienen mucho ego!". Hubiese sido más sincero decirles: ¡Me caen mal! o ¡no soporto su jovialidad!

En ciertos ambientes, considerar que una persona tiene "demasiado ego" parece autorizar para menospreciar abierta y directamente. Estas modernas y psicologizadas formas de maltrato tienen una seña fácil de identificar: Se trata de juicios de valor, se dicen desde la distancia y no ofrecen nada substancial a cambio.

Negación de las necesidades

Bajo el pretexto de "trascender el ego" y en aras de un pretendido y redentor altruismo, se fomenta la negación de las necesidades afectivas, las propias y las de los demás: "Hay que dar y no estar pendiente de recibir", "ofrece más y pide menos", "el único sentido de la vida es servir a los demás"... Secuelas continuistas en la mayoría de los casos, de los mismos sermones con los que nos manipulaban de pequeños para que desistiésemos en nuestras demandas: "No seas egoísta y déjale tus juguetes al vecinito" "Cuando te ofrezcan cosas di que no, porque si no pensarán que eres un mal educado", "haz el favor de callarte y escuchar a los adultos". Todo aquello que tuvimos que hacer so pena de ser rechazados es lo que ahora exigimos desde una espiritualidad impostada y sin fondo.

Comprender el ego, satisfacer las verdaderas necesidades
Los planteamientos hasta ahora descritos son intentos dualistas que fomentan el desarraigo y la culpa. También somos ego, y no podemos luchar contra lo que somos sin salir perjudicados. El ego forma parte de nosotros, tiene su lugar y su función. Es la auto-imagen y la estructura interna que hemos logrado construir para gestionar nuestros impulsos.

Si durante el crecimiento se respetara y facilitara la expresión del movimiento instintivo y espontáneo, el ego podría conformarse de manera receptiva y flexible en vez de defensiva. Quedaría integrado armoniosamente con el resto de aspectos del ser, propiciando la aparición de una identidad abierta a un sentimiento de pertenencia familiar, comunitaria y existencial.

La identificación que impide el fluir de la existencia es fruto de la negación de nuestras necesidades esenciales. Para hallar nuevas y positivas formas de relación tenemos que cubrir los vacíos afectivos y madurativos, sentir nuestros valores y decidir que queremos hacer con nuestra vida. Este camino no puede hacerse al margen del ego sino todo lo contrario, escuchando el fondo de sus desesperadas demandas e integrándolo.

¿Qué es la consciencia?

La palabra consciencia proviene del latín *"cum scientia"* y significa "con conocimiento". La consciencia es un estado que nos permite tener un conocimiento directo de lo que nos está sucediendo aquí y ahora; una especie de lente con la que enfocar los diferentes aspectos del ser.

Una de sus características distintivas es que puede abarcar niveles de conocimiento cada vez más inclusivos. No es lo mismo por ejemplo, percibir una sensación corporal, que percibirse percibiendo dicha sensación. Para ser fidedignos por tanto, deberíamos hablar de "estados de consciencia", pues no se trata de un único y monolítico estado, sino de diferentes niveles metaperceptivos.

La consciencia dentro del proceso terapéutico

Desde la consciencia es posible observarse sin interferir en lo observado; realizar una aproximación al conocimiento de uno mismo desde un lugar más neutral u objetivo. Este hecho es clave en el proceso terapéutico puesto que para lograr una transformación hay que poder sentir y comprender qué nos sucede y porqué.

Al tratarse de un estado, no podemos acceder mediante el deseo, del mismo modo que tampoco podemos sentirnos tristes o alegres por el simple hecho de decidirlo. Lo que sí podemos hacer es disponer condiciones internas y externas que favorezcan la conexión con dicho estado. Personalmente las sintetizaría en dos grandes bloques: las introspectivas y las expresivas.

Condiciones introspectivas

Las condiciones introspectivas son aquellas que ayudan a interiorizar; a mantenerse en un estado de observancia de uno mismo, no interpretativo, ni interventivo. En esta dirección se sitúan por ejemplo las propuestas que ayudan a depositar la atención en las sensaciones inmediatas, los pensamientos y las emociones; que propician la presencia, el enfoque, la concentración, la profundización, la calma y el silencio interno.

Condiciones expresivas

Para atestiguar los diferentes aspectos del ser, éstos tienen que salir a la luz; la relación con el entorno y las personas sirve para hacerlos aflorar. La expresión y el contacto son claves en este sentido. Este hecho es especialmente visible durante los primeros años de vida. Durante éstos, para construir una idea y una sensación de nosotros mismos necesitamos una correspondencia afectiva consistente por parte de la madre y el padre. Un retorno referencial que nos oriente y sitúe en la realidad y nos permita constatar nuestra influencia en ella. En el ámbito terapéutico, las condiciones propiciatorias en este sentido, son aquellas en las que se ayuda a la persona a conectar con lo que siente, a expresarlo y a integrarlo.

Este centramiento en la realidad a través de unas condiciones introspectivas y expresivas específicas, permite orientarse espacial, temporal, personal, relacional, comunitaria y existencialmente, en un continuo cada vez más incluyente y expansivo.

Límites en la introspección y en la expresión

A la hora de plantearnos cualquier trabajo sobre la consciencia hemos de tener en cuenta que ambas tanto las capacidades introspectivas como las expresivas están fuertemente limitadas por la estructura defensiva del carácter. Algo que es especialmente visible cuando surgen los conflictos afectivos y relacionales; en esos momentos la conexión con el perpetuo fluir de la existencia se trunca; los automatismos y las inercias toman el control alejándonos abruptamente de la realidad.

Soslayar la potencia y la influencia de la fragmentación ocasionada por los mecanismos de defensa dará lugar indefectiblemente, a planteamientos simplistas e inconexos desde los que es fácil caer en el sobreesfuerzo, la exigencia y la culpa. En ocasiones desde esta falta de comprensión, la consciencia es considerada y vendida como una especie de panacea o "becerro de oro", que ha de resolver toda clase de sufrimiento. Pero en este afán reduccionista pasamos por alto que la consciencia no puede cultivarse al margen del proceso de humanización. Somos seres relacionales, y sin afecto, esta búsqueda pronto deviene en sinsentido.

Confusiones conceptuales: Consciencia y conciencia

La conceptualización de la consciencia es algo escurridizo para la mente humana. En cierta medida podríamos decir que es un tema situado en el margen de lo cognoscible, puesto que para comprenderla debemos experimentarla ¿Cómo observar el lugar desde el que observamos?

Hablar de la consciencia es delicado y el lenguaje convencional tampoco ayuda a diferenciar los matices que le son propios. El Diccionario Real de la Lengua Española (DRAE) define consciencia como "el conocimiento inmediato que el sujeto tiene de sí mismo, de sus actos y reflexiones". Según esta definición: ¿Qué diferencia hay entre el acto de percibir y el de ser consciente? ¿Dónde quedan reflejadas sus características (estado de presencia, objetividad, metapercepción, inclusión...)?

Esta misma falta de precisión se da en el tratamiento de muchas líneas de Psicología y Autoconocimiento. En la práctica es bastante frecuente hallar una confusión entre la consciencia y el entendimiento; entre "un estado de conocimiento" y el obtener "conocimientos concretos". En este sentido, me parece oportuno que los pacientes puedan preguntar directamente a sus terapeutas a qué se refieren exactamente cuando hablan por ejemplo, de "ser conscientes", "tomar consciencia", "darse cuenta" o tener un "insight".

Por otra parte, y sorprendentemente, en la siguiente acepción de la definición de la DRAE, se dice que la consciencia es la capacidad de los seres humanos de verse y reconocerse a sí mismos y de "juzgar sobre esa visión y reconocimiento"; esto es precisamente lo contrario de lo que la caracteriza, pues se trata de un "estado de conocimiento" desde donde se observa sin juzgar ni valorar lo que es percibido.

Dado que "consciencia" y "conciencia" son dos palabras aceptadas como válidas y empleadas como si fueran lo mismo, propongo que se realice una redefinición que las distinga claramente. De hecho hago desde aquí un llamamiento a las autoridades lingüísticas para que en su próxima revisión del término depuren su diferenciación semántica.

En lo personal, hace tiempo he optado por utilizar la primera para el "estado" de consciencia y la segunda para las consideraciones puramente perceptivas y morales.

A pesar de ser un tema complejo y delicado, mi impresión es que la mayoría de confusiones residen en una resistencia interna que mina nuestro entendimiento. Hablamos mucho de la consciencia pero la experimentamos muy poco, porque ésta también nos muestra con claridad el mismo dolor y soledad que llevamos dentro y que paralelamente intentamos eludir.

Gurús, sanadores, terapeutas, escritores y otros seres idealizados

Hay una película llamada "Donde viven los monstruos" basada en un libro infantil de Maurice Sendak que relata la historia de Max, un chico que se siente solo y desatendido y decide irse de casa. En su camino encuentra a unos seres de monstruosa apariencia y triste semblante, que resultan tener inquietudes y preocupaciones similares a las suyas. Todos están buscando lo mismo: alguien que les guíe y les diga que tienen que hacer para ser felices. Max asume el mando, pero con el tiempo se dan cuenta que sus indicaciones no surten el efecto esperado, que él está tan perdido como el resto, y que el mal que les aflige persiste intacto. La frustración da paso a la rabia y la decepción, abriéndose en el grupo un nuevo periodo de anarquía. Para mí es una buena metáfora de como el ser humano ha gestionado sus inquietudes personales y espirituales a lo largo de la historia. Estamos ciertamente desorientados; inconfesamente nos sentimos desamparados y monstruosos. Hemos tenido que madurar bajo unas condiciones familiares y sociales altamente insanas, y de forma inconsciente seguimos necesitados de aceptación, cariño y un apoyo incondicional y amoroso. Sobrevivimos como huérfanos errantes padeciendo una severa desnutrición afectiva que cada uno compensa como puede y quiere. Nuestra búsqueda se centra por tanto, en encontrar a alguien que nos "saque" del sufrimiento lo antes posible sin tener que ahondar en el daño. Es desde aquí desde donde determinadas personas, dependiendo de la época y el lugar, ocupan el trono mesiánico que reclamamos. En realidad ese sitio puede ser ocupado por personajes de lo más variopinto: ídolos del pop y el rock, deportistas, modelos, actores, científicos, políticos e incluso gente más cercana como profesores, amigos o parejas... pero si nos centramos en el tema de la "autorealización" los principales candidatos al puesto son los gurús espirituales, los sanadores, los terapeutas, escritores de Crecimiento Personal y cualquier otro representante de la farándula psicoforme.

Cierto es que uno no tiene por qué hacer oposiciones para el cargo, basta con que te lo endosen, pero hay fórmulas de autopresentación más propicias que otras. Desde mi punto de vista los ingredientes básicos para acceder al papel son básicamente tres: ofrecer grandes promesas de cambio, apoyarse en ideales, y promover fórmulas que dependan únicamente de uno mismo (cambiar la manera de pensar, de sentir, el perdón, la compasión, el entendimiento, la consciencia, la voluntad...).

Desde el estado de aislamiento en el que vivimos rechazamos la interdependencia, queremos creer que podemos tomar el control de nuestra vida simplemente a través del deseo y el empeño; por eso, eslóganes del tipo "tú puedes cambiar tu vida si tú quieres" son los reclamos perfectos. Para aspirar al cargo de "salvador" hay que ser sobretodo un buen motivador. Promulgar ideas grandilocuentes y de fácil digestión, que incidan en lo mismo que hicieron nuestros mayores para intentar educarnos y convertirnos en "personas de provecho": Decirnos qué debemos pensar, sentir y hacer; fórmulas que nosotros mismos nos hemos repetido una y otra vez para intentar ser "mejores personas". "Azucarillos" que reconfortan el pensamiento y que excitan la imaginación ante la posibilidad de una vida radicalmente diferente, pero que a la hora de la verdad satisfacen poco o nada nuestras necesidades más esenciales.

Por mucho que duela aceptarlo, querer, aunque es un factor indispensable, no es suficiente; la fuerza de los ideales se viene abajo cuando las carencias asoman.

Todos asociamos el cambio al fin del sufrimiento, pero la verdadera transformación requiere experiencias concretas de relación, comunicación y contacto.

Enamorarse del maestro

La devoción hacia "los maestros de la verdad" sigue un curso parecido al del enamoramiento. Se trata de una vivencia romántica en la que esperamos que un desconocido colme nuestro anhelo de felicidad.

La distancia que acostumbra a envolver al gurú favorece lo que en Psicología Dinámica se denomina "catexia positiva", esto es, concentrar inconscientemente en una persona una enorme carga de deseo y expectativas, otorgándole el poder para resolver todas nuestras carencias. Las necesidades de seguridad, comprensión, amor y entrega, tienen ahora una oportunidad para emerger envueltas en una mixtura de idealización, excitación y anhelo.

Por mi propia experiencia y por la de gente cercana, he comprobado como durante los cursos y propuestas de autoconocimiento, una de las cosas que más mueve emocionalmente a los participantes es la relación con el "líder": "¿Qué estará pensando de mí?" "¿Se dará cuenta de lo especial que soy?" "¡¿Porqué diablos no me habla más!?" "¿¡Qué es lo que hago mal!?" "¿Qué habrá querido decirme con esa mirada?" "Parece que no le importa lo que le digo"... Este constante estar pendiente suele avivar la división interna y el conflicto con uno mismo. La necesidad de reconocimiento es la más visible pero se mueven muchas más. En el "maestro" proyectamos a nuestro padre, a nuestra madre, y muchas veces, a los dos a la vez. Desafortunadamente este hecho apenas es recogido y encarado de manera directa por los profesionales que dirigen estos trabajos; la mayoría tienen un conocimiento del desarrollo madurativo humano insuficiente o inadecuado, y eso impide

137

abordar estas experiencias con consistencia. Por lo general, también, esta falta de comprensión de las bases evolutivas es suplantada por ideales espirituales. La necesidad de reconocimiento es juzgada y mal-tratada. Se alude a la "importancia personal", al "ego", o directamente y de forma peyorativa, a la inmadurez del que lo sufre, por lo que este tipo de vivencias personales tienden a quedar al margen del trabajo. El sentimiento de culpa del acólito bajo estas condiciones es inevitable. Sin embargo, estas aparentes "interferencias" debidamente elaboradas y trabajadas pueden ayudar a traspasar importantes conflictos de fondo, y más aún... a satisfacer las carencias que esconden.

Relaciones de poder

La relación con las figuras de autoridad tiende a caracterizarse por la dificultad de relacionarse de persona a persona. La inaccesibilidad en el trato se justifica y refuerza con comparaciones y contraposiciones "él sabe, él es consciente, él está iluminado". La misma división que a su vez aplicamos con las personas a las que prepotentemente consideramos inferiores. Un trato enmarcado en lo que viene a denominarse "relaciones de poder".

La idealización desde aquí puede llevarnos a imaginar por ejemplo, que si el chamán, el terapeuta o el guía en cuestión nos hace tal o cual comentario, es porque desde su omnisciencia sabe con toda certeza quienes somos y lo que necesitamos. En el caso de los escritores de temas espirituales o de psicología, como es mi caso, es habitual que la gente crea que cuando escribimos sobre cierta virtud es porque tenemos todos nuestros conflictos resueltos al respecto. Obviamente esto no es así. Podemos tener conocimientos y capacidades reflexivas remarcables, pero esto no garantiza que hayamos comprendido e integrado esta sabiduría en nuestro día a día.

Aunque se trata de formas de relación basadas en la fantasía, las aceptamos y las defendemos a ultranza. El motivo: la mayoría de padres se han dirigido y dirigen a sus hijos desde esta misma actitud altiva y despersonalizada; sin mostrar sus alegrías y sus dificultades, sus confusiones o sus miserias... lo hacen exponiendo una imagen de sí mismos, pero no su interioridad. No nos resulta extraño por tanto, que nuestros "maestros" se comporten del mismo modo.

LÍMITES Y EXTRALIMITACIONES

Límites de los enfoques orientados al cambio

En la actualidad en el campo de la Psicología imperan los enfoques centrados en el cambio del comportamiento. Estos están representados fundamentalmente por las corrientes cognitivo-conductuales, aunque de forma paralela circulan muchas propuestas con aspectos metodológicos compartidos con éstas últimas. Hace unos años estaba en boga la Programación Neurolingüística (PNL) y ahora sobresalen sistemas como el de la "Excelencia" o el "Coaching" (del inglés "to coach": entrenar). Además de su conexión con la Psicología Cognitivo-Conductual, muchas se nutren de técnicas y filosofías provenientes del mundo empresarial y el marketing, del deporte de competición y de diversas líneas del Crecimiento Personal (educación emocional, pensamiento positivo, nueva espiritualidad, etc.). Se trata de métodos destinados principalmente al desarrollo de habilidades y la consecución de objetivos personales y colectivos concretos. En ellos se combinan la planificación estratégica y de resolución de conflictos, el desarrollo de habilidades de comunicación, de negociación y liderazgo, y técnicas para aumentar la motivación. Unas lógicas instrumentales encaminadas a la acción y el éxito. Herramientas que pueden resultar de gran valor por ejemplo para las empresas, dado que su pervivencia frente a la competencia depende de una constante

141

optimización de su organización logística y humana. Como conocedor y antiguo practicante de estas metodologías, también he sido testigo de la utilidad que tienen para clarificar, ordenar y facilitar el análisis mental, para descubrir aspectos ignorados de uno mismo y hallar nuevas maneras de afrontar determinadas situaciones. Aún y así, desde mi punto de vista personal y profesional, estas técnicas no resultan adecuadas para tratar las inquietudes, las dificultades y las necesidades enraizadas en el plano afectivo y relacional.

Estos enfoques de autosuperación plantean la vida como si se tratase de un reto permanente; superar pruebas, ser cada día mejores, más productivos, más asertivos, más espirituales... Un enfoque afincado en el cambio y la acción, donde el conocimiento de uno mismo pasa por el esfuerzo y el logro de metas. Un empeño "exitista" desde donde es muy fácil dejar de lado la escucha de uno mismo y de los demás.

Los que afirman que es posible aplicar estas metodologías a todo tipo de problemas esgrimen argumentos como el siguiente: "Nuestro sistema ayuda a la persona a conocerse y así, es ella quien descubre cuales son sus verdaderos objetivos y la manera de lograrlos". En principio parece lógico y plausible. De hecho así debería ser, pero a la hora de la verdad la situación es diferente, entre otras cosas, porque una de las bases de esta clase de trabajo es centrarse en el presente de la persona y proyectarlo hacia el futuro, desechando su pasado y lo que le sucede a nivel inconsciente. Orgullosa y descaradamente pretenden pasar por alto la influencia de la historia personal que ha conformado su manera de ser, y con ello también, los patrones de organización, las carencias afectivas sobre las que se estructura su carácter, el trabajo sobre las defensas psicocorporales, y el necesario establecimiento de un adecuado contexto y proceso de vinculación terapéutica.

¿Cómo podemos darnos lo que necesitamos sin recorrer antes el sendero que lleva a desvelar las negaciones internas que nos gobiernan? ¿Cómo sentirnos sin profundizar en lo que nos pasa? ¿Cómo diferenciar entre los deseos y las verdaderas necesidades desde el estado de fragmentación interna en el que vivimos?

Sucede en ocasiones que en el afán de resumir las situaciones a un asunto de objetivos y resultados, se mezclan cuestiones que pertenecen a órdenes muy diferentes. Como el caso de un instructor que quería "resolver" a partir de una lista de valores y prioridades, el conflicto de una pareja que dudaba sobre si tener o no un hijo. La lógica aplicada era: hacer una lista con dos columnas, en un lado los pros en otro los contras; se suman, y la que tenga más cantidad señala la decisión a tomar. Dirimir la decisión de ser padres a un lugar mental de sumas y restas sin profundizar en la vivencia individual e íntima de la pareja es reduccionista y ciertamente preocupante. Estas extrapolaciones y la mezcla de conceptos donde constantemente se confunden los deseos y las verdaderas necesidades, hace que en ocasiones se den unos intentos teóricos de síntesis superficiales e incongruentes.

Por otra parte, desde estos planteamientos, cuando la persona muestra emociones como el miedo, la tristeza, la impotencia o la confusión acostumbran a ser juzgadas, porque al parecer éstas resultan incompatibles con un camino de superación y "excelencia". Se pone de manifiesto que la dirección de trabajo ha degenerado una vez más, hacia un intento de conseguir un ideal de uno mismo y no hacia una verdadera comprensión de sí.

Con demasiada frecuencia ciertos profesionales fuerzan a las personas hacia caminos resolutivos sin tener suficientemente en cuenta el fondo en el que se sustenta su problemática. En otras, destapan queriendo o sin querer, heridas y maremotos emocionales que no están preparados para atender. En la mayoría de casos se acaba reforzando la sensación de culpa de la persona atendida, que entiende "lo que debería hacer", pero que se encuentra una y otra vez frente a la misma angustia y nerviosismo, y sin ninguna comprensión además, de lo que realmente le sucede.

No es posible abordar ciertos conflictos partiendo de principios y técnicas que han sido diseñados mirando hacia la eficacia y los resultados. Respecto a este tema considero que no hay espacio para los ambages. Qué queremos hacer: ¿Conducir a la persona a conseguir ciertos ideales de sí mismo o ayudarla a ponerse en contacto consigo misma?

El rendimiento y la consecución del éxito son los valores que priman en una sociedad desprovista de una sólida base comunitaria y cooperativa. Nuestra educación se cimienta en la comparación, la competencia y la consecución de resultados. A nivel personal y de manera más o menos explícita también somos encauzados hacia modelos e ideales de comportamiento. Debemos, nos dicen, aprender a sobreponernos a las dificultades y al sufrimiento a través de la acción y el logro de objetivos, "mirar hacia adelante", ser "resilientes". Asociamos la valía a una actitud de autocontrol desde donde hemos de ser capaces de rendir y conseguir todo lo que nos proponemos. Eso es lo que hace que las corrientes enfocadas al cambio del comportamiento sean las imperantes tanto en el ámbito popular como en el de la Psicología.

La mayoría esperamos encontrar atajos, soluciones rápidas, universales y "quirúrgicas", que nos eviten contactar con las heridas afectivas, por eso es lógico que estas ofertas tengan tan amplia aceptación. Las fórmulas efectistas, en tanto que expertas conocedoras de las técnicas de venta, van renovando su marca e imagen con el paso de las modas, por ello, es importante aprender a reconocerlas, tanto para usarlas cuando realmente las necesitamos, como para evitar estériles rodeos cuando el dolor del alma nos aprieta.

Límites del poder del deseo

El deseo estimula la acción y motiva el cumplimiento de objetivos. Cuando la inteligencia, el sentimiento y el cuerpo funcionan de manera integrada el impulso puede concretarse. Las ideas lo dotan de significado y coherencia, el sentimiento aporta el tono y el cuerpo, receptivo, ejecuta la forma.

El deseo contiene la semilla y la fuerza para persistir en nuestro movimiento, y la atracción es la dirección hacia la que vamos a dirigir la búsqueda de satisfacción. Ambas son motor de creación. Desde el deseo y la atracción conocemos a nuestra pareja, nos comprometemos, nos amamos y creamos un nuevo ser. Es desde donde nos orientamos hacia un tipo determinado de estudios y profesión, y desde donde, finalmente, somos capaces de crear cosas y proyectos dignos y beneficiosos para todos. Mandamos gente a la luna, inventamos sistemas para comunicarnos con personas en la otra punta del planeta... hacemos realidad lo que antes sólo era un sueño. El deseo y la atracción nos conducen por las veredas de la vida creando situaciones, cosas y relaciones que serán más o menos gratificantes, en función de lo fieles que hayamos sido a nuestros impulsos originales.

La cuestión llegados a este punto es... ¿Podemos sentir realmente nuestros impulsos y valores?

Influencias e interferencias al deseo

La frustración persistente de las necesidades esenciales hace que busquemos de manera automática e inconsciente satisfacciones alternativas. Uno de estos recursos consiste en el empleo de las ideaciones y el deseo. Durante la infancia, las desatenciones afectivas continuadas hacen que empecemos a utilizar el deseo como fuente de compensación. A través suyo hallamos la esperanza de una vida mejor y una cierta calidad de autocomplacencia, autoafirmación y motivación. Pero este uso compensatorio tiene severas repercusiones cuando es implantado como dinámica preponderante del carácter. Cuando los deseos son desplazados del impulso original, éstos empiezan a adoptar formas y direcciones cada vez más alejadas y deformadas. La fuerza del deseo se convierte así en una energía atrapada por la defensa, que pasa a alimentar ideaciones obsesivas, emociones desgastantes como la euforia o el miedo y sensaciones como la ansiedad o el estrés. La energía del deseo es exprimida y utilizada para mantener en movimiento los "engranajes" del carácter, creando una falsa sensación de seguridad y libertad donde en realidad hay carencia, mentira y caos. El deseo, llegado a este punto, se ha pervertido.

La autoestimulación mediante el deseo es como una droga que tapa, precaria y momentáneamente, el desierto afectivo en el que vagamos. Este hecho se extiende más allá de lo personal. Nuestra sociedad utiliza el deseo y todas sus variantes (la querencia, la avidez, el afán, la ambición, la aspiración, la gula, la lujuria, la avaricia, el ansia...) como combustible. Un claro ejemplo de como forzamos el deseo es la omnipresente sexualización de las relaciones humanas, donde hombres y mujeres somos tomados y nos vendemos como objetos sexuales. Del mismo modo podríamos hablar de los deseos de poder, notoriedad o riqueza, cuando son utilizados como embudo para encajar necesidades que pertenecen a otro orden.

La explotación de la energía del deseo es tan o más contaminante que el petróleo o el carbón, y tan insostenible como la destrucción de los recursos naturales de nuestro planeta. Desviamos el curso del deseo igual que desviamos y extenuamos el caudal de los ríos. Consumimos nuestra propia savia sin darnos cuenta que somos consumidos. Queremos poseer sin percatarnos que somos poseídos. Estamos presos de una locura que alimentamos con orgullo, creyendo hacer uso de nuestra libertad personal.

El poder del deseo y la atracción

Controlar el poder del deseo es un objetivo largamente pretendido. La religión misma basa la mayor parte de su fortaleza transformadora en los ruegos y las súplicas para que Dios conceda lo que uno quiere a cambio de penitencias, súplicas, ruegos y promesas de bondad y adoración. La pagana brujería por su parte ofrecía y ofrece cumplir todas las demandas mediante rituales, sortilegios, invocaciones y conjuros. Este es un ejemplo: "Gran Maestro Chakum. Medium vidente experto en todos los campos de la Alta Magia. Gracias a mis poderes naturales resuelvo todo tipo de problemas con eficacia y rapidez. Le ayudo a recuperar la pareja y atraer a la persona querida, divorcios, impotencia sexual, mantener el trabajo, atraer clientes, mejorar su suerte en el juego, solucionar deudas, ganar juicios, quitar hechizos y mal de ojo, depresiones, enfermedades, adicciones al tabaco y otras drogas, etc. Posibilidad de trabajar a distancia. Resultados 100% garantizados en tres días".

Muchas tradiciones y líneas filosóficas y pseudopsicológicas saben o intuyen que los hilos del universo se mueven e hilvanan mediante la fuerza del deseo y la atracción. El Kybalion, por ejemplo, un antiguo documento perteneciente a la tradición hermética, ya hacía una aproximación filosófica a estos temas.

En los últimos años ha habido un impresionante boom mediático respecto a ciertos movimientos "alternativos" que exponen la posibilidad de obtener una transformación vital radical mediante el control voluntario del poder del deseo y la atracción; en este caso, a diferencia de los anteriores, "sin intermediarios". El más famoso de ellos es el best seller "El Secreto" y su exposición del "poder de la atracción", probablemente, el libro de autoayuda más vendido de los últimos tiempos y del que se han derivado una miríada de secuelas literarias y cursos. En ellos se exponen fórmulas más o menos sistematizadas para lograr "lo que uno se propone". Como ya dije en mi anterior libro "Los pilares del corazón", estos planteamientos necesitan un reencuadre que ayude a poner realidad a tan exaltadas y en ocasiones simplistas promesas de felicidad.

Efectivamente, lo que pensamos y sentimos crea la realidad que compartimos. Existen dinámicas internas que facilitan la creatividad y la consecución de lo que nos hemos propuesto, y otras que resultan perjudiciales y con las que frecuentemente nos autosaboteamos. Darse cuenta de esto es fundamental para situarnos frente a nuestros proyectos de manera más lúcida y efectiva. Sin embargo, la mayoría de los que negocian con esta clase de conocimientos parecen desconocer que estamos internamente divididos; que la división entre la mente, el cuerpo y el sentimiento desarticula la fuerza del deseo y la torna anárquica y esclava de la estructura defensiva. Y que los lugares hacia los que dirigimos la atracción están así mismo gobernados por vínculos negativos inconscientes imposibles de transformar únicamente a través de la voluntad y el cambio de creencias. El menoscabo de estas cuestiones demuestra por su parte, un escaso conocimiento de la naturaleza humana, del desarrollo y la psicodinámica. Pero más allá de sus limitaciones teóricas y prácticas, el principal problema estriba en las extralimitaciones que a menudo se hacen, puesto que muchos de los que promueven estas ideas, afirman que controlar dicho "poder" hará lograr además de la prosperidad material, la plenitud interna.

Conviene saber que la promesa de un cambio interior sin que exista una comprensión de nuestra fragmentación, ni una ayuda cualificada y concreta al respecto es una falsa promesa.

La búsqueda de "poderes ocultos" cuando es utilizada como fuga de uno mismo, acostumbra a desencadenar graves escaladas de tensión, sobreesfuerzo mental e inflamación emocional. Se refuerza la omnipotencia y un desprecio más o menos explícito hacia los "mortales" que no se marcan grandes metas o no logran lo que se proponen.

Volvemos a encontrarnos frente a un enfoque "efectista" orientado hacia la búsqueda de resultados que confunde las "capacidades" con los "estados". Conseguir que se "realicen" los deseos no implica que vayamos a sentirnos "realizados". De hecho, esta confusión es la misma que aprovechan la mayoría de los montajes publicitarios. Conseguir una casa grande no va a hacer que sintamos más el espacio interno y la calma. Tener un coche con más caballos no va a hacer que notemos más la potencia y la fuerza interna, tener más dinero no va a librarnos de sentirnos dependientes; conseguir un mejor aspecto físico no va a suponer que nos amen más.

Queremos creer que el bienestar depende de los hechos y no de la vivencia. Esto es lo que hace que estos planteamientos tengan tanto éxito. En este sentido, como decía Platón, la pobreza no viene por la disminución de las riquezas, sino por la multiplicación de los deseos. Platón denunciaba a los sofistas atenienses por vivir creyendo que la fortaleza residía en tener los deseos más violentos posibles y encontrar el medio de satisfacerlos; esta misma confusión sigue imperando en nuestros días.

Corrientes que promueven la abstinencia
En el otro extremo se hallan las vías ascéticas que afirman que para ser "salvos" hay que renunciar y subyugar todos los deseos mundanos; la sexualidad, la comida, el confort y en general todo aquello que comporte goce. Atienden a esta creencia ciertas vertientes de las religiones occidentales y orientales y muchas líneas pseudoespirtuales de apariencia alternativa. Si estas prácticas fueran puntual y debidamente aplicadas podrían conllevar valiosas vivencias y observaciones de uno mismo, pero frecuentemente no se trata de verdaderas renuncias conscientes, sino vías de represión y huida. En este sentido, como decía el satírico escritor Jonathan Swift, "el esquema estoico de colmar nuestras necesidades rebajando nuestros deseos, es como cortarnos los pies cuando queremos zapatos". Estos planteamientos acostumbran a conducir a una dinámica de aguante y explosión desbocada; un circuito de alternancia similar al de la anorexia y la bulimia. Un ejemplo gráfico es el de los innumerables religiosos que han hecho voto de pureza y castidad y acaban implantados en la pedofilia.

Pero conviene asumir que todos estamos involucrados en estos ciclos de represión y perversión. Inconscientemente aguantamos nuestras verdaderas necesidades, en especial las afectivas, e intentamos compensar la insatisfacción después, mediante una enorme variedad de adicciones y excesos.

Sufrimos una grave confusión respecto al deseo; una relación ambivalente de atracción y rechazo. Desear lo que en el fondo no queremos es fuente de angustia, querer lo que no deseamos es origen de frustración. Como decía Ortega y Gasset, "cuando alguien es incapaz de desearse a sí mismo, porque no tiene claro un sí mismo que realizar, claro es que no tiene sino pseudodeseos, espectros de apetitos sin sinceridad ni vigor".

Si queremos recuperar la cordura y hallar una verdadera satisfacción, necesitamos contactar con la naturaleza profunda del deseo, o lo que es lo mismo... con nosotros mismos y con los demás.

Límites del poder de la mente y el pensamiento positivo

La cognición se define comúnmente como la acción y el efecto de conocer a través de las facultades intelectuales. Está asociado al aprendizaje, la abstracción, la teorización, la planificación, la creatividad, el lenguaje y la comunicación. El intelecto ayuda a orientarse y a dar significado a lo que nos sucede; a lograr mayor eficacia con menor esfuerzo.

En la actualidad hay muchas propuestas que trabajan directamente sobre la parte cognitiva: formas de encarar racionalmente los problemas, recursos para comunicarse mejor con uno mismo y con los demás, identificación de lógicas que inducen al malestar, utilización del pensamiento como herramienta de autosugestión, etc.

Presupuestos cognitivistas

Cuando se toma la dimensión mental como factor causante del desequilibrio interno se parte del presupuesto que las dificultades personales son debidas a pensamientos erróneos, y que la solución reside por tanto, en aprender a reflexionar de forma correcta o positiva. Relativizar las situaciones y modificar las creencias, se asevera, transforma la manera de vivir.

La cognición desde una perspectiva sistémica

Desde una perspectiva sistémica, la cognición, "el proceso que nos lleva a conocer", es una experiencia global que se da a través de la constante relación y adaptación con el entorno. Conviene señalar que el cerebro es tan sólo, y en este sentido, una de las estructuras a través de la cual operan los procesos cognitivos (ver apartado correspondiente en TGS "pensamos con todo el cuerpo"). Estos matices en la comprensión de la cognición comportan importantes diferencias en el abordaje terapéutico; la principal de ellas es que para realizar un proceso de transformación profundo se hace imprescindible una intervención de carácter psicocorporal.

Calidades de pensamiento

La función de la inteligencia es servir al despliegue de la vida, ayudando a elegir y actuar conforme a las necesidades y deseos. Sin embargo, las carencias y agresiones sufridas durante el desarrollo generan estructuras defensivas y una desconexión respecto a los afectos. El pensamiento, desarraigado del sentimiento, deja entonces de atender al conjunto y pasa a ser empleado por el carácter

153

para alimentar su propia dinámica defensiva. La fragmentación interna afecta a la función y la calidad del pensar, por ello, en un sentido estricto, deberíamos hablar de diferentes calidades del pensamiento, dependiendo de lo integrado que esté con el resto de funciones. Todo proceso holístico debe, por consiguiente, tener en cuenta este hecho e intentar favorecer en la medida de lo posible, la integración del ser.

La razón como puntal para el cambio
Ciertas propuestas promueven, de forma más o menos explícita, que la razón debe tomar el control sobre las emociones. Estas son por ejemplo, algunos fragmentos de descripciones que hace un psicólogo sobre sus presupuestos teóricos: "Todos podemos modificar nuestra vulnerabilidad emocional mediante una decidida educación cognitiva, es decir, aprendiendo a tener pensamientos sanos. Cuando estamos mal emocionalmente es porque sostenemos un diálogo interno que nos hace sentir mal. Debemos tener cuidado con lo que nos decimos a nosotros mismos porque nuestro diálogo interno tiene la capacidad de darnos salud mental o quitárnosla. Hay que construir un diálogo interno funcional para ser personas más sanas, positivas y capaces. La terapia cognitiva no trabaja con el pensamiento positivo, sino con razonamientos. Razonar con argumentos hasta llegar a la conclusión de que las catástrofes que imaginamos no son tales. Pueden ser hechos negativos, adversidades duras, pero no esas cosas horribles que se materializan en nuestra mente. La argumentación bien hecha sí que es duradera y profunda".

Para este profesional "el razonamiento" está en la cima de la pirámide; el sufrimiento procede de una forma de pensar errónea y para solucionarlo hay que enseñar a las personas, nuevas y "correctas" maneras de hacerlo.

Es evidente que cuando sufrimos o estamos alterados tendemos a crear interpretaciones de la realidad extremas y catastrofistas. Pero determinar que este hecho es la causa del malestar denota una preocupante falta de comprensión de las dinámicas internas; un falaz reduccionismo alejado de una visión de conjunto.

Esta manera de proceder me recuerda a frases populares como: "¡Deja de pensar tonterías que no es para tanto! ¡No te das cuenta que eso no tiene ningún sentido! ¡Te ahogas en un vaso de agua!... Comentarios con los que padres y otras figuras de autoridad han pretendido y pretenden ayudar, desde un lugar de prepotencia y expeditiva distancia afectiva.

Como antiguo usuario de este tipo de técnicas sé que pueden tener aplicaciones puntuales y de contención del malestar, pero también he experimentado sus limitaciones, y eso sucede siempre que nuestros conflictos están conectados con cuestiones afectivas e inconscientes; algo que todo sea dicho, es lo más habitual.

Moralismos encubiertos

La inmensa mayoría de propuestas de autodesarrollo y psicología desdeñan el enorme poder de la desconexión interna que sufrimos, y de las influencias inconscientes que nos llevan a pensar, sentir y actuar como lo hacemos. Mediante un peligroso acto de acrobacia pasan de la descripción del comportamiento en cuestión, a la exhortación al cambio. La explicación del porqué hacemos lo que hacemos y sentimos lo que sentimos, sorprendentemente, no existe.

Encontrar y describir comportamientos incoherentes, miserables o estúpidos es algo relativamente sencillo; vivimos inmersos en un estado de locura adaptada y las incongruencias están a la orden del día. Ahora bien, fundamentar la validez del método basándose en la calidad descriptiva de dichos comportamientos es, cuando menos, demagógico. Sin embargo, a casi nadie parece extrañarle por ejemplo, que alguien detalle algunos aspectos asociados al egocentrismo (dificultad para escuchar, imposiciones, avaricia, falta de empatía, etc.) y que a continuación afirme con rotundidad: "Tenemos que ser más tolerantes y generosos. La felicidad pasa por la entrega; la clave reside en pensar más qué podemos hacer por los demás y no tanto qué queremos que hagan por nosotros". Parecemos obviar que, aunque lógico, se trata de un simple alegato moral que no ofrece comprensión sobre el origen del mal. ¿Qué ha sucedido durante nuestro desarrollo para habernos tenido que instalar en el egocentrismo? ¿Qué intentamos encontrar o compensar a través de él? ¿Qué carencias radican en esta manera de relacionarse? ¿Cuáles son las heridas vinculares en las que se asienta? ¿Qué necesitamos recibir a nivel afectivo para dejar de aferrarnos a estas estrategias defensivas de supervivencia?

En el campo del Crecimiento Personal, respecto a esta clase de cuestionamientos, existe un oceánico vacío explicativo.

Creer que mediante el entendimiento es posible obrar un contundente cambio comportamental conduce a exhortaciones como: "decide ser más flexible y tolerante y tu vida cambiará", "confiar más en los demás es una cuestión de actitud" o "si quieres dejar de ser infeliz sé más agradecido". Las similitudes con el "voluntarismo" propio de la religión, representado en "amaos los unos a los otros", huelgan. La ilusión de cambiar la propia vida a través de un acto de voluntad provoca un fogonazo inicial de excitación y motivación, pero al volver a tropezar con la misma piedra, y a falta de un verdadero contacto con nosotros mismos, la culpa y la resignación se entronan.

Cada año se escriben miles de libros que insisten una y otra vez en las mismas ideas, y nosotros los compramos porque son las únicas estrategias que parecemos conocer. Las mismas con las que nuestros educadores intentaron que hiciéramos lo que "tocaba". A falta de nuevos registros seguimos pidiendo inyecciones de "moralina" y lecciones sobre las "buenas formas", a personas tan o más desorientadas que nosotros.

Los límites del pensamiento positivo

Las técnicas de "pensamiento positivo" también parten del presupuesto que la razón rige jerárquicamente sobre el resto. Afirman que mediante la autosugestión es posible diseñar conscientemente el curso de la propia vida. Todas las frases que utilizaré en este apartado están extraídas de un decálogo sobre principios del pensamiento positivo: "Condiciona tu mente subconsciente con pensamientos positivos conscientes. Nada sucederá en tu vida mientras no lo quieras, y una vez fijada esa idea en tu subconsciente, no hay límite para la meta que uno se programe" Se apela al agradecimiento como fuerza de cambio: "Al despertar, sé agradecido por haber despertado, y piensa y cree que será un buen día para ti, y que mañana lo será aún mejor. Mírate al espejo y ve tus ojos resplandecientes y tu aspecto radiante". A la disciplina: "Si perseveras y eres constante en tus anhelos, los lograrás dado que eres capaz. No hay límites ante ti, los límites los pones tú mismo. Amplíalos desde ya, cada día más". A la fuerza de la voluntad: "Usa dos palabras mágicas: puedo y quiero. Puedo ser mejor, quiero ser mejor." A la autosuperación: "La única guerra es contigo mismo. El único rival eres tú mismo. La única persona a la que debes vencer es a ti mismo. Véncete eliminando con el pensamiento positivo reiterativo la preocupación. Véncete aumentando tu autoestima y el valor personal. Véncete asumiendo tu presente y futuro." Y a un efectismo, en ocasiones un tanto preocupante: "Como ejemplo tienes a Napoleón. Era el número cuarenta y dos de su clase en la Academia Militar. Pregúntate cuántos monumentos y libros se han destinado a ese número cuarenta y dos, y si existe alguno de los otros cuarenta y uno que en esa academia eran considerados superiores a Napoleón que sea recordado. Él tuvo fe, visualizó, creyó y logró una meta que no entraremos a comentar si fue noble o no, sino a valorar lo que la mente pudo lograr. Partiendo de la base que tus metas serán justas, lógicas y nobles, sin importar en el lugar en que ahora estés, pues ese es precisamente el mejor lugar para iniciar el cambio positivo en tu vida, de la misma forma triunfarás". La máxima "una persona con una creencia equivale a cien mil que sólo tienen intereses" también encajaría a la perfección dentro de estos planteamientos. Se trata en este caso, del último mensaje difundido en Twitter por el terrorista noruego Anders Behring Breivik poco antes de cometer la brutal masacre en julio del 2011, en la que fallecieron setenta y siete personas.

Preceptos como éstos ponen en evidencia que el "efectismo exitista", tan presente actualmente en ámbitos sociales, pedagógicos y pseudopsicológicos, no sólo carece de una buena base de conocimiento, sino que puede servir, incluso, para alimentar la aberración y el desvarío.

Mediante la motivación y la sugestión podemos hacer cosas sorprendentes, operar sin anestesia, conseguir que un placebo funcione como si fuera un medicamento o hipnotizar a alguien para que haga o recuerde cosas que en su estado ordinario de consciencia le resultarían extremadamente complicadas. Basta con imaginar que exprimimos un limón dentro de nuestra boca, para darse cuenta del efecto inmediato del pensamiento sobre el cuerpo. El error de estos enfoques reside en la pretensión y la falta de comprensión sobre el origen y la calidad de los pensamientos. En la práctica, la escisión interna y los patrones de organización defensivos del carácter condicionan nuestros pensamientos y emociones. Por eso, más allá de las modificaciones puntuales y momentáneas, los ríos internos tienden a volver a su cauce.

Las ideas actúan como inductoras del bienestar en la medida en que el cuerpo y los sentimientos reverberan acorde y armoniosamente. Si llegamos a conectar con esta calidad de pensamiento integrado, significa que también sentimos nuestras verdaderas necesidades; en tal caso se abren nuevos interrogantes: ¿Cuáles serán entonces nuestras prioridades? ¿Cuáles nuestros valores? ¿Qué lugar ocuparán los deseos que hoy ansiamos con vehemencia? De momento, y a la vista del panorama, lo que sí podemos afirmar es que estamos muy lejos de poder acceder al "poder del pensamiento". Nuestro auténtico poder como personas reside en la integridad, en pensar y sentir en consonancia. En percibir y comunicarnos de la manera más directa y honesta posible.

La cara oculta del positivismo

Es evidente que cuando tenemos pensamientos "negativos" nos sentimos mal y que cuando son "positivos" nos sentimos bien. A partir de aquí la deducción que se hace es la siguiente: "intentemos ser siempre optimistas y todo irá bien". Más allá de la dudosa legitimidad del silogismo, llegados a este punto, veo inevitable plantear la siguiente pregunta: ¿Qué es lo que queremos, intentar programarnos para estar de una forma determinada o estar y expresarnos de manera honesta con y desde lo que nos pasa? Desde mi punto de vista no hay ambages posibles en este sentido, cada opción lleva por una vía diferente. La primera a un constante esfuerzo racional de "autodiseño", la segunda a intentar conocerse; a sentir y fluir con la vida.

Por experiencia personal he podido comprobar que muchas veces, estas corrientes positivistas esconden una gran desconfianza hacia la naturaleza humana. Optamos por salir de la confusión mediante "ideas prometedoras" para evitar profundizar en lo que nos ocurre, porque creemos que ahí no vamos a encontrar nada bueno; que si miramos dentro y nos permitimos estar con lo que aparece sucumbiremos al vacío, el caos y la destrucción.

Ver lo positivo para proteger el vínculo
Por lo general estas estrategias de autoprogramación están implantadas en recursos de naturaleza defensiva. Cuando éramos pequeños también tuvimos que creer que nuestros padres eran buenos a pesar de que su "amor" comportaba, en muchas ocasiones, manipulaciones, abusos, indiferencia, agresiones o desprecios. Todos necesitamos sentir que aquellos de los que dependemos van a cuidarnos afectuosamente. Desde la supervivencia intentamos convencernos que nos quieren, aunque para ello haya que negar el daño que nos infringen. El "positivismo" es un ardid neurótico que nos sirvió y nos sirve para salvaguardar la integridad. Seguir aferrándonos a la mentira, inventando y justificando actos y personas, a parte de agotador, impide vivir las cosas tal y como vienen y tal y como en el fondo las sentimos.

La identificación con la mente como estrategia de supervivencia
Mediante el diálogo interno tuvimos que parar la artillería de la violencia invisible y consentida en el hogar, y recurrir al autoconsuelo. El pensamiento y la fantasía fueron y siguen siendo algunos de los principales recursos de que disponemos para intentar reconfortarnos. Pero cuando acogerse a ellos es la única salida, no es opción sino prisión. Un zulo alejado de la realidad al que poco a poco nos vamos acostumbrando hasta confundirlo con la libertad.

161

Vivimos la mayor parte del tiempo identificados con el pensamiento; solapados a él. El diálogo interno se ha convertido en nuestro pequeño gran reducto. La distancia afectiva nos da seguridad; la elucubración nos mantiene alejados de los sentimientos; mediante el ruido interno nos anestesiamos del dolor y la soledad, o al menos... lo intentamos. Nos relacionamos con nosotros subdivididos en una miríada de personajes internos, creando un teatro de espejos y sombras que simula el verdadero contacto humano.

"Vivimos en la cabeza" depositando nuestra identidad en "esa voz que habla", creemos que "pensar mejor" va a ser suficiente para resolver todos nuestros problemas. La excitación que provoca creer que hemos dado con la "solución" o la "conclusión perfecta" es atrayente e ilusionante, pero se trata tan sólo de un espejismo que se esfuma con el paso de la primera corriente de aire.

Agravando el conflicto

Actuar desde el pensamiento para cambiar el pensamiento es como intentar enderezar una barra torcida con otra en la misma condición. Si el trabajo cognitivo no es debidamente contextualizado amplifica la división interna. Las personas mostramos ya de por sí una tendencia generalizada a evadirnos y desconectarnos a través de los pensamientos y la fantasía, por lo que esta clase de encuadres pueden reforzar aún más esta inercia, generando una estresante espiral de sobreactivación mental.

Por otra parte, cuando los ideales distan de la realidad personal la disociación aumenta. Es como si hubiera dos polos unidos por una goma elástica, en uno lo que creemos que debería ser, en el otro lo que realmente sucede; cuanto más lejos están entre sí más tensión se genera. Esta tirantez lejos de ayudar, presiona y bloquea.

Los problemas originados en la relación no pueden ser transformados únicamente mediante el entendimiento. Comprender esto evita rodeos y dolores de cabeza.

Las capacidades mentales pueden ser potenciadas y desarrolladas hasta cierto punto, pero para ponerlas al servicio de la vida hace falta un proceso que lleve a integrarlas con las sensaciones y los sentimientos.

Límites de la educación emocional

La palabra emoción deriva de "moción", movimiento, y el prefijo "e", hacia afuera; su significado es, por tanto, "movimiento de dentro hacia afuera". Las emociones están ligadas a la motivación, activan el organismo y dan un "tono" preparatorio para la acción. Conducen a la expresión de lo que nos pasa y nos permiten saber cómo están los otros y cómo les afecta nuestra manera de comportarnos. Las emociones son por consiguiente, un elemento clave para el movimiento y la interrelación.

Dinámica de las emociones
Las personas, como el resto de seres vivos, tendemos de forma natural e instintiva a evitar el dolor y a buscar el placer y la satisfacción. Cuando nos alejamos de este estado de calma y equilibrio

interno ya sea por frustración o agresión, se ponen en marcha de manera automática ciertas reacciones emocionales para intentar recuperar la homeostasis. Si estas expresiones son debidamente acompañadas y atendidas por nosotros y por los demás, podemos retornar a un estado de bienestar. En los bebés el funcionamiento de este circuito es muy evidente; en su caso, el bienestar depende casi por completo de la respuesta de los adultos del entorno a su lenguaje emocional. Si llora con rabia sabemos que algo le está molestando, si el tono es de tristeza necesitará un contacto cercano, si muestra miedo, protección, etc. Si recibe la satisfacción que precisa, al poco su agitación emocional se calma y vuelve a un estado de bienestar. Desgraciadamente, es en estas situaciones de total dependencia, donde hemos recibido las agresiones (activas y pasivas) más dañinas para nuestro desarrollo como personas. Para hacer frente a este hecho y como estrategia de supervivencia, desarrollamos una estructura defensiva: el carácter. Con él nos separamos de los sentimientos y negamos la influencia que los demás tienen sobre nosotros. De forma progresiva las emociones se van tornando defensivas. Dejan de propiciar experiencias satisfactorias de contacto y quedan restringidas a la descarga del malestar y la autoafirmación. La destrucción, la ira, el rencor, la melancolía o la euforia son algunos ejemplos. Esta reconversión preserva la identidad, pero nos deja trágicamente alejados de nuestras auténticas motivaciones.

Esta forma de comprender la función y la dinámica de las emociones está basada en "la teoría sobre el instinto y las emociones" del psicólogo y teórico Marc Costa.

Personalmente, a nivel terminológico distingo entre dos tipos de emociones: las "abiertas", que son aquellas que guardan un contacto directo con las necesidades biológico-afectivas esenciales, y que asocio a los sentimientos; y por otro lado las emociones "defendidas", aquellas que están filtradas por el carácter y que a su vez lo mantienen. Esta distinción teórica será de utilidad como veremos más adelante, para discernir frente a determinados conflictos y planteamientos metodológicos.

A continuación quiero centrarme en dos grandes líneas de abordaje de las problemáticas emocionales: las de descarga y las de gestión de las emociones.

Descarga emocional
Muchas corrientes sitúan el origen del sufrimiento en el bloqueo emocional. El énfasis en estos casos está puesto en ayudar a la persona a "expresar libremente lo que siente"; a ir más allá de la represión y atreverse a mostrar de forma abierta lo que le pasa.
Habitualmente para liberar las cargas y los bloqueos emocionales se realizan ejercicios expresivos inductores: músicas, danzas, dramatizaciones teatralizadas, visualizaciones, intervenciones corporales, energéticas o el empleo de substancias externas (plantas, esencias florales, aromas, enteógenos, etc.). En otros casos se provoca a la persona para hacerla entrar en un estado de catarsis.

El bloqueo de la energía emocional es fuente de sufrimiento y está implicada en la mayoría de las disfunciones somáticas. Procurar el alivio de la carga emocional es una tarea terapéutica fundamental. A menudo, sin embargo, este trabajo obvia o soslaya la influencia de las defensas psicocorporales y desatiende la búsqueda de contacto profundo con uno mismo y con los demás. Cuando esto sucede la expresión emocional acostumbra a encauzarse hacia la autoafirmación del paciente. Es decir, hacia la afirmación e incluso la imposición de lo que uno cree. Seguro que todos tenemos el recuerdo de personas que después de lanzar una serie de improperios desproporcionados cargados de violencia y despreció, afirman orgullosos: "¡Yo soy sincero! ¡Digo las cosas tal cual las siento!". La emoción expresada desde un lugar defensivo atiende a una reacción, y aunque efectivamente sirva de descarga, no repara los conflictos en los que dichas cargas se originan.

Gestión de las emociones: "la educación emocional"
El control férreo de las emociones es una de las grandes bazas para dominar las masas. La represión y el castigo de ciertas expresiones (dependiendo del contexto socio-histórico) acompañan la historia de la civilización humana. Por eso, el surgimiento de iniciativas que buscan el valor de la expresión emocional abre las puertas a nuevos caminos; a la posibilidad de recobrar un verdadero sentido de la comunicación, más directo, más sincero, más natural. En este loable intento se sitúan actualmente muchas propuestas centradas en la gestión de las emociones. Gran parte de ellas se engloban bajo el concepto de "educación emocional". Sus cometidos se centran en identificar y favorecer actitudes y emociones "positivas" y desarrollar habilidades para controlarlas; lograr automotivarse y

alcanzar una mayor resistencia frente a la frustración. Potenciar, según sus propias palabras: "la capacidad para ser feliz". Ideas sugerentes y prometedoras, que tienen sin embargo y en la práctica, importantes lagunas teóricas y metodológicas.

¿Positivas o negativas?

¿Qué determina que una emoción sea "positiva" o "negativa"? ¿La rabia, la tristeza o el miedo, por poner un ejemplo, son positivas o negativas? ¿Si una persona nos aborda impulsivamente por la calle y lo apartamos con enfado, esa emoción que sentimos es positiva o negativa? ¿Y si resulta que nos atracan y sentimos miedo? ¿Y si nos sentimos apenados porque nos dirigimos a alguien conocido y éste se muestra indiferente? ¿De qué depende esta clasificación?

Una de las definiciones más frecuentes al respecto es que las emociones positivas son aquellas que nos conectan con la alegría, la expansión y el bienestar, y las negativas, las que nos desestabilizan. Una definición que acaba sin embargo, resultando imprecisa y susceptible de muy variadas interpretaciones.

En función de la historia personal y de como nos han tratado y educado, tendemos a reprimir ciertas emociones y a tener más facilidad para expresar otras. De manera inconsciente dedicamos gran parte de nuestra energía a "mantener a raya" esas emociones "prohibidas". Y de la misma forma, reprobamos y despreciamos a los demás cuando se mueven en el registro emocional que nosotros intentamos evitar. Por ejemplo, para alguien puede ser normal sentir y expresar la tristeza, pero estar totalmente en contra de cualquier expresión exaltada de rabia. La rabia le "desestabiliza", mientras que llorar y sentir la tristeza le ayuda a desahogarse y calmarse. Para otro sin embargo, la situación puede ser justo la contraria. ¿Cuáles son las emociones positivas y cuáles las negativas en estos casos?

Por otra parte, las reacciones emocionales desvelan sin tapujos los conflictos relacionales. Si tenemos problemas para aceptar el malestar y la confrontación abierta con los demás, viviremos muchas emociones que nos "desestabilizarán", ¿significa eso que son "negativas" o es más bien que nos ponen en una situación comprometida a la que nos cuesta hacer frente?

Controlar las emociones

Conviene saber que estos razonamientos de "blanco o negro" están ideados para intentar controlar las emociones. Identificar las "negativas" y suprimirlas, y potenciar las "positivas". No se trata tanto de conocerse a sí mismo como de autocontrolarse y autoinducirse a una determinada forma de sentir. La creencia de fondo (normalmente no expresada) es que si nos dejamos llevar por lo que sentimos degeneraremos hacia un lugar de caos, oscuridad, destrucción, egoísmo e incontinencia sexual. Se promueve por tanto una constante vigilancia sobre las emociones, y una actitud activa y firme sobre ellas.

Desde mi punto de vista estos enfoques distan de un verdadero camino de autoconocimiento. El ansia por lograr el autocontrol pervierte la teoría, la simplifica y la arroja hacia una actitud efectista. En estos casos, una vez más, el objetivo no es tanto conocerse y ser uno mismo, sino salir cuanto antes de lo que nos sucede para "estar mejor", para ser "más positivos". Esta fijación nace y alimenta la desesperación, y camina sobre los mismos principios de las líneas educativas y morales convencionales.

Metodología para el cambio emocional

Algo que vuelve a llamarme la atención es la manera en la que se pretende gestionar las emociones. Pondré un ejemplo extraído de una entrevista en prensa: "La prosocialidad estimula la creatividad y la iniciativa, se puede desarrollar en todo momento y aplicar a cualquier situación y persona (...) Gracias a la acción prosocial, las emociones negativas mejoran, y la salud. Ponerse en el lugar del otro calma la tendencia irascible y resuelve rencores y envidias". La descripción de los hechos es clara: la generosidad beneficia a quien la entrega y a quien la recibe y nos hace sentir bien en muchos aspectos. La cuestión que ahora queda abierta es ¿cómo lograrlo? Estas son las respuestas del formador y terapeuta: "Hay que enseñar los comportamientos del dar y mostrar los beneficios (...) La prosocialidad se debe enseñar y entrenar para no olvidarla (...) Aumente sus actos de ayuda, de dar, de escucha, de ser empático con el otro, de valorarle, y verá como sentirá un significado en su vida y mejorará su autoestima". Es decir: ¡Entiende lo importante que es, y cambia tu actitud! ¡Conviértete simple y directamente, en una persona más bondadosa!

Aunque nos cueste admitirlo, nuestra capacidad para cambiar el comportamiento empleando la fuerza de voluntad es limitada. Los cambios de actitud no acostumbran a tener los efectos ni la duración que desearíamos. Por lo general desconocemos nuestros límites internos. Sobredimensionamos la capacidad de acción de la que disponemos. Queremos creer que la convicción nos va a permitir superar todos los obstáculos, pero la realidad es que estamos fuertemente gobernados por carencias y mecanismos defensivos de los que ni siquiera somos conscientes. Nos apoyamos en la "intelectualización" y el "voluntarismo" para prometernos cambios portentosos a nosotros mismos y a los demás. Pero ni los múltiples tropiezos en la misma y desgastada piedra parecen advertirnos que nuestro margen de acción es decididamente pequeño. Pretender que la gente sea altruista adoctrinándola sobre los beneficios personales, éticos y prácticos puede servir para convencer y motivar, pero no para generar actos de corazón. Para encarnar tales virtudes tenemos que averiguar qué nos ha vuelto egoístas, satisfacer las carencias de fondo que nos gobiernan, sentir nuestros valores genuinos y construir, desde ahí, nuevas y sentidas formas de relación. La motivación de la entrega, llegados a este punto, no atiende a ese pretendido sentido del "altruismo", sino a una necesidad propia: la de actuar en consonancia con lo que uno siente.

Ayudas despersonalizadas
Muchas de estas "pedagógicas" propuestas confunden e infunden sutiles formas de narcisismo. Pondré un ejemplo, en este caso se trata de un educador emocional que habla sobre el desarrollo de la "inteligencia emocional": "Una de las maneras que resultan más útiles para desarrollar la empatía es imaginarse que las personas con las que interactúas son las personas más importantes de tu

vida. Enviarles luz y buenos deseos. Visualizarlas y ponerte en su lugar".

No dudo que imaginarse a un desconocido como el ser más importante de nuestra vida sirva para modificar al menos de forma momentánea, la predisposición hacia él; esto no implica sin embargo, que exista una verdadera empatía, porque para ello es imprescindible percibir y sentir realmente a la otra persona. Si nos apoyamos sólo en maniobras de imaginación y las buenas intenciones, nos inventaremos a quien tenemos delante y le proyectaremos, como hacemos constante e inadvertidamente, expectativas, miedos y deseos inconscientes. Tal y como se da a entender desde este planteamiento, la empatía no precisa de un contacto directo y cercano con las otras personas, basta simplemente, con el deseo de ser "una persona empática". Conviene tener presente, sin embargo, que en ausencia de en un verdadero contacto podemos acabar pasando por encima de los demás, con nuestra manada de "buenos deseos". Para no sucumbir a la invención de los demás hay que abrir la comunicación, conocer como están y cómo estoy yo en esa situación, y la gran dificultad reside justo ahí, en sentir qué nos sucede a nosotros.

Gestión de las dinámicas sociales
Aprovechando la desorientación emocional y motivacional cada sociedad desarrolla sistemas para implantarnos en su propia dinámica. Se nos pone "en marcha" creando necesidades y estereotipos a seguir, impulsando fórmulas de competición, sistemas de reconocimiento social donde se promocionan, ensalzan y premian de-

terminados valores... Se nos "frena" infundiendo miedo, blandiendo castigos económicos, privativos y estigmatizantes de diferente índole. Personalmente considero que ciertas formas de "educación emocional" y "educación en valores" están dentro de estos mecanismos sociales de control. Digo esto, porque a la hora de la verdad no se ayuda a las personas a realizar un proceso para descubrir cuales son sus propios valores. La tarea acostumbra a quedar reducida a exposiciones moralistas más o menos encubiertas, en las que se inculcan, o al menos eso se pretende, una determinada ética y un fomento del autocontrol.

Este esfuerzo centrado en decirles a los demás lo que deben pensar y sentir, pone de manifiesto la desconfianza y la negación hacia la naturaleza humana. Un descrédito subterráneo hacia la posibilidad de que cada uno pueda descubrir y enriquecer a la comunidad con su propia y peculiar forma de ser.

Las bases de la salud emocional

La disolución de la religión nos ha dejado a solas en el océano de la confusión interna; aprovechando la coyuntura los nuevos catecismos se multiplican. Las librerías rebosan de manuales de conducta, ética y buenos modales; pero la moral ya no está bien vista si se entrega a palo seco, por eso en la actualidad acostumbra a vestirse con complementos orientales, psicológicos, filosóficos y científicos. En este "buffet libre del autoconocimiento" hay muchos platos, pero la comida acostumbra a ser la misma: Decirnos como debemos comportarnos.

Dado que en el campo de la Psicología y el Crecimiento Personal impera una gran confusión, quiero insistir una vez más en la importancia de aprender a distinguir entre la función de la Psicología y la del moralismo, de lo contrario corremos el riesgo de sufrir una indigestión aguda.

En lo personal, confieso sentirme preocupado cuando veo a ciertas personas que transmiten mensajes y prácticas que van en contra del respeto al desarrollo humano, que son coronados como nuevos gurús mediáticos, y en particular cuando éstos difunden peligrosas fórmulas de manipulación que atentan contra los más indefensos, los niños. En España se admite por ejemplo, que un neurofisiólogo especializado en temas de sueño, escriba libros de crianza orientados en sus propias palabras, a "inculcar normas y valores", sin que nadie se interrogue sobre su capacitación profesional y personal. En este caso, el hecho de usar procedimientos manipuladores altamente perjudiciales para la vida afectiva de los menores, no ha impedido sin embargo, que haya acabado convertido en un nuevo adalid del desarrollo personal.

Nos hemos acorazado ante la agresión y la falta de amor. Para aflojarnos necesitamos ante todo ponernos en paz con nuestra armadura, porque ella nos ha permitido protegernos y sobrevivir. Si queremos conectar con la esencia tenemos que escuchar con atención las emociones defensivas, recorriendo poco a poco el sendero que conduce al centro del corazón ¿Qué hay tras el arrebato que he tenido? ¿Cuál es el fondo de esta tristeza que siento? ¿Qué miedos profundos se esconden tras este estado de ansiedad y preocupación? Si queremos lograr una auténtica transformación necesitamos conocer y expresar nuestros verdaderos males.

Las bases de la salud emocional se construyen durante la infancia. Los gestos que manan del corazón se consiguen mediante una educación sensible y respetuosa. Quien se siente respetado respeta, quien ha sido escuchado escucha, quien se siente amado ama. La priorización de los vínculos afectivos, el cuidado, el respeto y la entrega, ensalza la naturaleza humana. Los mecanismos naturales de autocontrol no pasan por el sobreesfuerzo y la lucha constante con uno mismo, sino por el contacto directo con la vida.

Límites de los trabajos corporales y energéticos

El cuerpo es la parte palpable del ser. La frontera que contiene y mediante la cual se expresa la vida. El depositario de los sentidos. El crisol en el que se vehicula la interrelación.

Intervenciones sobre el cuerpo y la energía
Desde la imperante perspectiva mecanicista, las sensaciones, el pensamiento, las emociones e incluso la consciencia, son consideradas como epifenómenos resultantes de la organización física y química de la materia. Desde este punto de vista por tanto, la vida se origina y coordina desde la dinámica bioquímica. Este enfoque ha llevado a un especializado y prolífico trabajo de intervención sobre el organismo, sobretodo por parte de la medicina occidental.

Las técnicas más habituales sobre el cuerpo son las intervenciones quirúrgicas y anatómicas, la práctica de ejercicios gimnásticos, distensores y expresivos, las reeducaciones posturales, el empleo de substancias externas (químicas o naturales), dietas y depuraciones, etc.

Por otra parte están los tratamientos energéticos. Intervenciones que por lo general también actúan a nivel estructural, aunque desde otro tipo de materialidad (recordemos que materia y energía son inseparables. Para más información ver apartado "Principios básicos de organización de la vida"); en este caso, lo hacen sobre el campo o cuerpo morfoenergético. Estas modificaciones, al igual que sucede con las intervenciones sobre el cuerpo físico, no llegan a alcanzar cambios estables y consistentes sobre los niveles funcionales y los patrones de organización.

Las técnicas más habituales desde esta vertiente son: la movilización, el desbloqueo y el aporte de energía mediante maniobras directas sobre chakras, meridianos, órbitas micro y macrocósmicas, etc.; o bien, la inducción de cambios energéticos mediante sustancias, objetos y estimulaciones sensoriales (remedios vibracionales, filtros geométricos, minerales, música, olores, colores, etc.).

Tanto los tratamientos físicos como los energéticos resultan de enorme utilidad para mitigar el malestar y hacer frente a complicaciones físicas e incluso para salvar vidas. Sin embargo, aunque el cuidado de las cuestiones orgánicas y energéticas es imprescindible, desde un punto de vista sistémico, lo que sucede en el cuerpo y en su campo energético es el resultado de la dinámica de los procesos internos y patrones de organización subyacentes. Pretender obrar trasformaciones profundas, estables y duraderas a través de cambios efectuados únicamente a nivel estructural no atiende a un enfoque holístico.

Transformación de los patrones de organización
Desde un punto de vista sistémico el cuerpo es una estructura en constante transformación, modulada e inextricablemente ligada a las funciones y los patrones de organización.

Como ya expuse en "principios básicos de organización de la vida" dentro del apartado sobre la TGS, existe una "supeditación funcional" que hace que los patrones de organización rijan sobre las funciones y éstas sobre la estructura. Existe así mismo una "permeabilidad" que posibilita una influencia en el sentido inverso. No obstante, pretender modificar los niveles organizativos más complejos desde los niveles meramente estructurales tiene un alcance limitado y unas consecuencias de difícil pronóstico. Si por ejemplo, desviamos artificialmente el curso de un río, el agua se verá forzada a transitar por lugares diferentes a los habituales, pero eso no cambiará su tendencia de fluir hacia abajo buscando el camino más recto posible. Este hecho, eso sí, provocará cambios difíciles de vaticinar en su recorrido y ecosistema circundante. Del mismo modo, si tomamos un medicamento que altera químicamente determinadas vías neuronales, veremos que funciones como el pensamiento y la emoción se ven efectivamente modificadas. El síntoma que nos preocupaba desaparece como tal. Lo que no podemos saber a ciencia cierta es cual será la nueva recomposición del sistema, ni todos los efectos secundarios que causará. Los prospectos farmacológicos dan muestra de ello. El por lo general breve párrafo destinado a explicar la función del medicamento es acompañado por muchos otros, decenas en ocasiones, en los que se advierte de los posibles efectos secundarios adversos: reacciones alérgicas, alteraciones sensorio-motrices y del sistema nervioso central, complicaciones gastrointestinales, cardiovasculares, hepáticas, renales, dermatológicas, músculo-esqueléticas, endocrinas, hematológicas, interacciones e incompatibilidades con otros medicamentos, restricciones para determinadas edades y tareas, riesgo de anomalías durante el embarazo y la lactancia, etc. Incidir en el organismo de manera exacta y demarcada, generando además una transformación positiva y estable sobre los patrones de organización desde un nivel puramente estructural es, desde un punto de vista sistémico, inviable. Una cosa es influir, otra transformar.

Los patrones de organización se conforman a partir de la siempre compleja interrelación con el entorno, siguiendo un criterio adaptativo y evolutivo, por lo que no pueden ser abordados únicamente a través de cambios estructurales. Dado que la mayoría de los patrones de organización defensivos han sido integrados durante el proceso de vinculación afectiva, para transformar estos patrones necesitamos un proceso de reparación afincado en la calidad de la relación humana. Procesos a través de los cuales integrar y desplegar nuevas y beneficiosas formas de relación.

Una analogía para entender el cambio de paradigma

Si a un coche le quitamos las ruedas veremos que no se mueve, ¿podemos concluir por ello que la fuerza del vehículo reside en los neumáticos? Curiosamente, este razonamiento es el mismo que se haya en la base tanto de la ciencia mecanicista como de muchos de los planteamientos supuestamente alternativos. Si cambiamos las condiciones fisicoquímicas y energéticas veremos cambios pero eso no significa que la fuerza vital, organizadora y creativa resida puramente en el plano estructural. Este es el motivo por el cual la mayoría de los estudios biológicos siguen atorados respecto a la comprensión de cómo se relacionan y coordinan las diferentes partes entre sí (las también llamadas sinergias biológicas). Mediante la visión clásica no es posible comprender la intrincada comunicación e integración funcional de la miríada de "piezas" que nos conforman. La Teoría General de Sistemas se ha centrado precisamente en el estudio de las interrelaciones internas de cada sistema, y las que mantiene con el resto de sistemas de su entorno.

En busca de la panacea

La "panacea universal" se refiere a un remedio mitológico capaz de curar cualquier problema. Las líneas que ponen el énfasis en el poder de los remedios físicos y energéticos suelen ser muy propensas a la búsqueda del susodicho producto o técnica milagrosa. Pero en su excitante misión a menudo pierden de vista la complejidad y la influencia de las relaciones en el comportamiento humano. Quiero poner a continuación un ejemplo representativo proveniente del campo de la nueva espiritualidad y las terapias alternativas. Se trata de un "transductor de energía orgónica procedente del campo cero", y por lo que he podido entender, consiste en una combinación de materiales que dan resultado a un acumulador de iones negativos que potencia los propósitos de quienes lo portan. El anuncio dice así: "Estos dispositivos nos dan la posibilidad de ir transitando y reconstruyendo nuestra trama interna de emociones y patrones mentales, para darnos cuenta de cómo esas energías crean situaciones e influyen en nuestra vida cotidiana (...) Nos muestran el camino para traer el espíritu a la materia, para despertar y poner en acción nuestra misión. Nos abren una nueva senda de transformación y purificación en todos los niveles del ser. Nos limpian, nos equilibran, nos relajan; son armonizadores y nos ayudan a encontrar nuestro centro, a enfocarnos sin distracciones y a evitar la dispersión y la mente inquieta. Son amplificadores que traducen y sincronizan, obrando como verdaderos agentes de cambio. Colaboran con la alquimia interior; nos conectan con el constante fluir de la vida y nos sintonizan con la vibración de nuestra alma".

La promesa de cálices sagrados y piedras filosofales es muy sugerente, sobre todo si tenemos en cuenta lo que se esconde bajo la mayoría de nuestros males. En general, para hallar la luz intentamos ahorrarnos el viaje de ida a los propios infiernos. Pero al actuar de este modo, el miedo y la huida pasan a gobernar nuestros pasos, y se diluyen las posibilidades de una verdadera transformación.

El cuerpo dentro de un proceso terapéutico holístico

Durante la infancia, la desconexión con el cuerpo nos evita sentir directamente el dolor causado por las agresiones y las frustraciones. Poco a poco vamos sacrificando nuestras necesidades y comportamientos más "viscerales" para no perder la atención y el afecto de quienes han de cuidarnos. Para sanar la relación con el cuerpo por consiguiente, hemos de tener en cuenta las defensas psicocorporales que intervienen en dicha escisión, y disponer de mapas de abordaje integradores. Los trabajos psicocorporales de orientación holística apuntan en esta dirección.

Cuando el cuerpo no se contempla desde la urgencia interventiva sino desde una mirada respetuosa y comprensiva, se convierte en un elemento vertebrador. Tanto por mi propio proceso terapéutico personal como por mi ejercicio profesional, sé que dar espacio voluntaria y conscientemente a sensaciones, movimientos y reacciones espontáneas, desvela actos repletos de significado y contenido emocional. Sensación de presión, sobrecargas musculares, tensiones externas e internas, encogimientos de las vísceras, sensación de cansancio y agotamiento, mareo, nausea, asco, pesadez en los ojos, en la cabeza... tras todas ellas acostumbran a aparecer asociados conflictos internos recurrentes. Si se nos acompaña facilitando y respetando la expresión, poco a poco y de manera orgánica, el cuerpo va guiándonos y ayudándonos a identificar y a manifestar el dolor de fondo.

Las sensaciones nos centran en la realidad inmediata, nos anclan al presente. Depurar la relación con el cuerpo nos pone en contacto con la vida.

180

Límites de los trabajos espirituales

La espiritualidad es la experimentación del sentimiento de pertenencia y conexión con un todo mayor.

La consciencia espiritual alimenta la presencia y la calma; ayuda a conectar con la fuerza de la espontaneidad y el respeto hacia uno mismo y hacia los demás; aporta un mayor nivel de comprensión y claridad, facilitando la comunicación, la relación y la creación de una vida personal y comunitaria más armoniosa.

Espiritualidad y proceso madurativo
Desde un punto de vista sistémico, esta vivencia de comunión y profundidad contemplativa se sitúa dentro de la tendencia natural de los sistemas a expandirse y complejizarse, buscando estados cada vez más estables y adaptativos. La experiencia espiritual puede ser comprendida por consiguiente, como la progresión evolutiva de nuestro proceso madurativo. Crecer en un entorno amoroso en el que se respeta y apoya el desarrollo que nos es propio favorece una percepción anclada en el presente, un contacto con los sentimientos y una inteligencia enraizada en la satisfacción de las necesidades esenciales personales y del grupo. Desde mi punto de vista, esta base de seguridad, dignidad y afecto, propicia que las posteriores elecciones evolutivas sigan apuntando hacia un lugar de armonía y expansión personal y colectiva; hacia la consolidación de experiencias sentidas de relación y entrega.

Interferencias durante el proceso de desarrollo

Durante nuestro crecimiento, el establecimiento de los mecanismos defensivos entorpece el acceso a este tipo de vivencias. Las defensas psicocorporales, construidas para hacer frente a la frustración y la agresión reiterada, hacen que nos movamos fragmentados, presos del ruido y el desorden interno; gobernados por un torbellino inconexo de identificaciones, deseos inconscientes y reacciones emocionales. Desde este estado, la mayor parte de nuestra energía es empleada en reprimir lo que sentimos. Este bloqueo dificulta enormemente la posibilidad de asistir al constante fluir de la existencia; al orden y la paz tras las apariencias.

Presupuestos y propuestas de las corrientes espirituales

Las corrientes llamadas espirituales parten del presupuesto que el origen del sufrimiento reside en la pérdida del contacto con la dimensión espiritual. Describen las consecuencias de este "desprendimiento" o "camino de descenso" e indican qué hacer para establecer esta conexión con lo "elevado".

Sus propuestas podrían agruparse en tres grandes categorías. Las *"extáticas"* intentan inducir a estados de consciencia acrecentada y éxtasis mediante ejercicios de consciencia sensorial, meditación, contemplación, danzas, músicas, rituales, mantras, etc. Estarían también incluidas aquí, las que emplean enteógenos, plantas depurativas u otras substancias, con el fin de conducir a estados alterados de la percepción.

Las enfocadas a la *"sabiduría"* están dirigidas a penetrar a través de las ideas en la comprensión y la vivencia profunda de la existencia, y corresponderían a las prácticas centradas en la enseñanza de filosofías existencialistas y místicas.

Por último están los ejercicios *"devocionales"*, aquellos que intentan ayudar a conectar con sentimientos sublimes depositando la fuerza en la esperanza, la fe, la caridad y la compasión. Estos suelen concretarse en oraciones, penitencias y gestos de veneración e incondicionalidad hacia personas o símbolos.

Al margen de estas tendencias existen otras prácticas con aspiraciones espirituales, que en realidad podrían ser denominadas como "fenomenológicas" pues su interés se limita a los fenómenos extraños y paranormales; percepciones extrasensoriales, canalizaciones, manifestaciones extraterrestres, astrales, espiritistas... Hay también otras líneas de corte "efectista", enfocadas en la consecución de objetivos personales y/o colectivos, basadas en el desarrollo de poderes ocultos, en el poder de la energía, de la intención, la voluntad, la mente, etc.

Explicaciones consoladoras

Religiones y otras líneas pseudoespirituales son las encargadas por excelencia de suavizar y dar sentido a la locura de la desconexión y el desamor. Hay situaciones de difícil cura, que todos compartimos de un modo u otro. Quien no puede vivir su vida con plenitud teme la vejez y no puede asumir la llegada de la muerte. Quien no ha podido sentir y expresar el amor hacia los suyos tendrá serias dificultades para poder hacer el duelo cuando éstos falten. Las ficciones amorosas ("tus auténticos padres te están esperando allí arriba"), y las promesas de una futura y paradisíaca vida eterna ("el

183

premio llegará cuando mueras") aplacan sufrimientos y desgarradores sentimientos de injusticia. Para alejarnos de la tragedia de no sentirnos amados se emplea el mal menor de la culpa: "Somos hijos del pecado original", "malos por naturaleza" (el concepto de karma, al menos en su adaptación occidental, también es entendido como la consecuencia de los malos actos realizados en el pasado). La solución pasa por comportarnos "correctamente"; si somos buenos habrá un Padre, una Madre, Fuerza o Ser superior que nos acogerá y amará dándonos todo lo que no recibimos en esta vida. La dificultad para pedirnos ayuda entre nosotros se compensa con ruegos y súplicas a "lo alto"; las opciones son muchas: dioses occidentales y orientales, vírgenes, santos, santas, ángeles, arcángeles, deidades paganas, maestros ascendidos, extraterrestres, duendes, hadas y hasta difuntos ídolos del rock.

Arturo es maestro de yoga y meditación desde hace veinte años. Es un hombre solitario y su trato difícil ha provocado el distanciamiento de sus dos hijas. Sus fríos silencios se combinan con explosiones de violencia verbal, algo que hizo que su ex-mujer acabara dándose por vencida.
Para él la raíz de todos los problemas radica en la falta de conexión con lo divino, y su empeño está puesto en traspasar la forma y la condición humana. Sus días transcurren entre las clases y su pasión por las lecturas metafísicas. Cuando se siente mal o los problemas afectivos arrecian se aísla en su particular "torre de marfil", evitando el contacto con la gente de su entorno y rechazando cualquier

ayuda externa. Su vida espiritual es rica pero su vida familiar está vacía.

¿Porqué buscar el origen de ciertas problemáticas humanas en cuestiones espirituales cuando es posible hallarlas atendiendo a la historia personal? ¿Qué hechos y realidades intentamos evitar? ¿Por qué nos empecinamos en buscar dogmas y renunciamos con tanta facilidad a nuestras verdades personales?

Al disociar el proceso espiritual del desarrollo biológico y afectivo que nos es propio se fomenta una visión escindida de nuestra naturaleza. En pos de una pretendida redención, iluminación o consciencia universal, las necesidades afectivas y los vínculos relacionales son menoscabados, y la condición humana tratada como un lastre a trascender.

La palabra religión procede del latín "religare", cuyo significado es volver a ligar, re-unificar. Desde este punto de vista toda religión o trabajo de carácter espiritual, también debería atender aquellas cuestiones "terrenales" que radican en nuestra des-unificación o fragmentación interna.

El desarrollo biológico y afectivo como eje

Como hemos ido viendo, dentro de las propuestas de autoconocimiento podemos diferenciar cuatro grandes tendencias en función de donde sitúa cada una la principal causa del desequilibrio interno: las que se focalizan en la parte mental, las dirigidas al aspecto emocional, las corporales-energéticas y las metafísico-espirituales. Cada tendencia aporta cosas valiosas pero también tiene sus limitaciones. La ausencia de un eje vertebrador que dé sentido y articule el trabajo, hace que las propuestas tiendan a actuar de forma parcial e inconexa. Desde un punto sistémico y evolutivo este eje unificador y vertebrador radica en el proceso biológico que nos conduce a desplegar de forma natural las capacidades y potenciales.

En este sentido quiero destacar de nuevo las aportaciones del psicólogo Marc Costa y su detallado y exhaustivo modelo psicológico, sustentado en los ciclos y las fases del crecimiento madurativo. Una prolífica base de estudio y praxis elaborados durante décadas en su escuela de formación para terapeutas (ETIP), que permite entender cómo se consolida el despliegue vital. Una revolucionaria contribución al campo de la Psicología y al ámbito de las humanidades en general, que muchos esperamos sea pronto compartida.

ESTILOS COMUNICATIVOS

Complejismos

Comprender lo que escuchamos o leemos depende del grado de concentración, del estado anímico, de los conocimientos previos sobre la materia y de la motivación que tengamos al respecto. Pero además, para favorecer dicha comprensión, quien lo explica tiene que saber bien de lo que habla y transmitirlo con sencillez.

Considero que los que nos dedicamos a comunicar ideas tenemos la obligación de ponerle las cosas fáciles a los que deciden dedicarnos una parte de su tiempo. Muchas veces nos toca asumir que hay el deseo pero no la capacitación; que no tenemos los conocimientos suficientes, que nuestra atención está mermada y nuestro corazón embrutecido.

Supongamos que este apartado en vez de llamarse "complejismos", se llamase "entelequias semánticas, estructuras sintácticas ampulosas de índole subrepticia y yuxtaposiciones improcedentes". El significado de fondo es bastante similar, pero no el efecto que ocasiona esta manera de expresarse. Por lo general el barroquismo innecesario provoca una alteración psíquica, emocional y corporal en el escuchante o el lector. Es como si fuésemos circulando tranquilamente por una carretera y de repente nos encontráramos un pedrusco en medio del camino. El autor nos obliga a realizar un sobreesfuerzo mental que nos aparta de la fluidez necesaria para dejarnos sentir lo que leemos. Volvemos a revisar el texto una y otra vez hasta que nos parece haber entendido algo, y cerramos el libro al cabo del rato con una sensación de incomodidad difícil de ubicar. Como por lo general estamos acostumbrados a infravalorarnos, ante estas situaciones tendemos a sentirnos tontos o a dudar de nuestra capacidad.

En demasiadas ocasiones los autores no tenemos clara nuestra función, y confundimos la exposición detallada con la verborrea afectada y pomposa. Cuando los cultismos, los tecnicismos y el embrollo ocultan la prepotencia y la ignorancia, es bueno identificarlo antes de perder el tiempo tomando gato por liebre. Desafortunadamente, este hecho también abunda en las temáticas de psicología y autoayuda. Este es un extracto de un autor hablando sobre "la evolución y el progreso": "La construcción de una ideología crítica donde apoyar nuestra acción progresiva pasa por el mantenimiento de la base dialéctica de la naturaleza pero, esta vez, sometida a la consciencia universal y de especie que ella misma ha generado". El mismo autor hablando sobre "la fuerza de la sexualidad": "Más que nunca, el sexo debe ser entendido, en el continuum evolutivo, como un mecanismo estructural que traba las relaciones intraespecíficas dentro del contexto dicotómico". No dudo que el autor tenga claro lo que quiere decir, pero yo perdí más de diez minutos intentando averiguarlo (aún no lo he conseguido).

Josep María Espinás, un artesano de la escritura, dice que muchas veces nos amparamos en la expresión "lo tengo en la punta de la lengua", cuando en realidad lo que deberíamos decir es "lo tengo en la punta del cerebro". No se trata tanto de forzarse para que nos venga la expresión, sino darnos tiempo para reflexionar y madurar el tema en cuestión.

El exceso de complejidad hace que el lector acabe inventándose lo que lee o haciendo una lectura excesivamente parcial y subjetiva. Si al autor no pone más dedicación en el cuidado de este aspecto de la comunicación, podemos plantearnos: ¿Cuál es su propósito? ¿Realmente comprende lo que transmite? En muchas ocasiones el énfasis está más puesto en "decir" que en lo que "se dice". En estos casos no tenemos más remedio que asumir que hemos perdido el oremus.

Exceso de símbolos y metáforas

Los símbolos sirven para sintetizar y representar diversas cualidades y/o virtudes en una única figura o imagen, y pueden servir como una llamada evocadora y reveladora de aspectos del ser. Tradiciones esotéricas, místicas, religiosas, filosóficas o psicológicas se nutren y emplean los símbolos, en ocasiones, con gran maestría y lucidez; cosmogonías y cartografías que permiten manejar cuestiones complejas con notable sencillez.
Frecuentemente sin embargo, en muchas líneas de Autoconocimiento y Psicología se abusa en el empleo de las simbologías y se tiende a confundir el mapa con la realidad. Las interpretaciones y

los juicios suplantan así el verdadero contacto con uno mismo y con los demás, y las ayudas se convierten en meros ejercicios mentales con aires de trascendencia.

Las personas disponemos de una capacidad de asociación intelectual asombrosa. Para dar sentido al sufrimiento podemos llevar este recurso al extremo. En ciertos casos de esquizofrenia y megalomanía por ejemplo, el afectado puede ver símbolos ocultos en todo tipo de hechos aparentemente intrascendentes; ver señales numerológicas que lo guían en las matrículas de los coches, el recibo de la compra o los números del DNI. Los colores, los nombres, el zodíaco, la tipología del carácter, la complexión física, las enfermedades, los accidentes, la forma del iris, la manera de escribir, los posos del café, las cartas del tarot, la forma en la que cae la tostada... Cuando disponemos de suficientes elementos simbólicos podemos llegar a hacer que "todo cuadre".

Supongamos que me planteo la siguiente pregunta: ¿Debería cambiar de vida y dedicarme al ascetismo? Alzo la mirada y encuentro un cuadro que hay en mi consulta; son unos indios norteamericanos que cabalgan de espaldas mientras regresan a su poblado en el ocaso del día. Significado oculto: Debo realizar un camino de recogida y retirada. Miro por la ventana, veo cuatro nubes blancas; el viento las empuja en dirección sudoeste. El número cuatro representa los puntos cardinales, el blanco la pureza, el sudoeste es el lugar del descanso, del dejar ir. Significado: Debo encontrar la completitud a través de la pureza y para ello debo librarme a un camino de renuncia y desapego. Apoyado en todas estas señales mañana mismo debería coger el petate y dirigirme hacia algún lejano monasterio. Interpretaciones de apariencia trascendente que sin embargo, podría releer de manera completamente diferente según mi estado de ánimo e inconscientes inclinaciones.

Se me ofrece otra lectura. El regreso de los guerreros representa el volver hacia el hogar y hacia uno mismo. Las nubes las ideas, el blanco la inspiración, el sudoeste la entrega y el ofrecimiento a los demás. Conclusión: Debo seguir dedicándome a la psicoterapia y a la divulgación. De momento creo que me quedaré con esta última revelación.

Todo es susceptible de ser tomado como representación de algo heroico y trascendental, pero cuando lo utilizamos para alejarnos del contacto con nosotros mismos y con los demás rondamos el delirio. Los símbolos no pueden sustituir el conocimiento y la comunicación directa con la realidad.

Algunas líneas de trabajo, especialmente aquellas que se basan en recursos cognitivos y de interpretación, tienden sin darse cuenta, a fomentar estos bienintencionados desvaríos.

Asociadas a los símbolos encontramos las metáforas y las analogías. Recursos para reflexionar y comprender de manera sencilla situaciones complejas.

En muchos casos estas herramientas son usadas una vez más, para inculcar cuestiones morales. Las religiones por ejemplo, han hecho un uso refinado y masivo de parábolas y otros relatos imaginarios ajustados a sus fines ideológicos y propagandísticos. En el catolicismo contamos, entre muchos otros, con la apertura del mar Rojo, la entrega de los diez mandamientos, la multiplicación de los panes y los peces, o la fecundación de la virgen María por parte del espíritu santo encarnado en una paloma.

Absortos por el impacto emocional que estas historia despiertan, a menudo pasamos por alto que la estética de la moraleja no otorga veracidad al hecho ni justifica las conclusiones. Si nos ceñimos a la moraleja de la caperucita roja por ejemplo, los niños (y en especial las niñas) no deben fiarse de nadie (especialmente de los hombres, sean leñadores o no). De qué se trata, ¿de conminar a la desconfianza o de dar registros de confianza para ayudar a discernir? Lo mismo sucede con la utilización de máximas, adagios y aforismos, donde todo depende del uso que queramos darle a la afirmación. Por ejemplo, si un amigo te pide invertir en su enésimo y dudoso negocio apoyado en el "¡quién nada arriesga nada tiene!", siempre puedes contraatacar con el manido pero resultón "más vale pájaro en mano que ciento volando". El empleo de las frases hechas puede ser tan esquivo, manipulador y perverso como el resto de pronunciamientos. En cualquier caso, quien no esté de acuerdo conmigo siempre podrá rebatirme con el comodín de "todo depende del color del cristal con que se mira".

Aunque las metáforas tienen un gran poder descriptivo, no acostumbran a ser explicativas. Para conocernos y poder extraer nuestras propias conclusiones necesitamos saber cómo y porqué nos comportamos como lo hacemos. Hay cuestiones que precisan ser expuestas de la manera más clara y directa posible. Cuando esta parte se elude de forma sistemática podemos plantearnos: ¿realmente se conocen los mecanismos que controlan el comportamiento? Y... ¿hasta que punto se quieren conocer?

Estilos cientifistas

El método científico permite que el conocimiento humano avance de manera sólida y contrastada. Los datos acreditados por la ciencia aportan garantía y fiabilidad. Eso hace que en muchas ocasiones se caiga en la tentación de utilizarlos para justificar ciertas ideas y suposiciones que poco o nada tienen de científicas, y que atienden más a intentos moralistas y evasivos que a un verdadero deseo de comprensión. Esta perversa utilización de la ciencia se ceba especialmente en el campo de las humanidades, en la sociología, la antropología y por supuesto también en la psicología. En este caso, las intromisiones de personas que no tienen ni los conocimientos ni la potestad son constantes.

Al mezclar hechos contrastables con figuraciones sin rigor, es fácil que el que desconoce la materia acabe dando el razonamiento por bueno, incapaz de discriminar la parte válida de la panfletaria. Este es un fragmento de una entrevista ofrecida por una popular neuropsiquiatra hablando sobre características del comportamiento y la biología masculina:

Entrevistadora: De todas maneras, por más tranquilo que sea un niño, cuando llega la pubertad se satura de testosterona y se convierte en un monstruo.

Neuropsiquiatra: A los 5 años un niño adora a su madre, se quiere casar con ella. Y luego, gradualmente, entre los 9 y los 15 años los niveles de testosterona suben un 250%. Esto pasa por sus circuitos cerebrales y la consecuencia es que se aleja de su madre.

Necesita poder hacer lo que los psicólogos llaman separación-individualismo. Necesita ser su propio hombre. Necesita dejar a la madre y buscar a la novia. Es muy triste, sí.

E: No soporta a su madre. Dice usted que le repele, incluso, su olor.

N: La madre le intenta acariciar y él no quiere ni que ella esté cerca. No sabemos por qué ocurre. La hipótesis es que los chavales se apartan así del incesto.

E: ¿Y qué puede hacer una madre?

N: Un día, cuando mi hijo tenía 14 años, le dije: «Cariño, dime lo que no te guste de mí y yo trataré de evitarlo». Él me miró y me dijo: «Tu mera existencia me molesta».

E: La testosterona hace que a los chavales se les altere la percepción de la realidad. Ven a alguien aburrido, pero ellos interpretan que esa persona está enfadada.

N: Sucede, no sabemos por qué. Es un misterio científico. La hipótesis es que se trata de un momento de la vida en que los niños empiezan a defenderse y también a ayudar a defender el grupo. La consecuencia es que se convierten en personas muy sensibles a los signos de rabia o de potencial agresión en la cara de otro hombre.

La doctora parece estar confirmando con estos datos y sugerencias que su hijo la rechaza por una "cuestión hormonal" y para evitar el incesto. Se sugiere también que la dificultad del niño para percibir y diferenciar los estados de ánimo de sus congéneres, es debido también a un mecanismo biológico y de adaptación. Sin lugar a dudas esta clase de creencias pueden resultar atrayentes para padres que quieran eludir su responsabilidad y justificar "científicamente" las dificultades de relación con sus hijos; también para los hijos que quieran ocultar sus problemas con sus progenitores tras la culpa y ciertos influjos hormonales. Desde un punto de vista del desarrollo madurativo, sin embargo, se trata de ideas falsas y tendenciosas. Las personas no rechazamos ni odiamos a otras personas (padres incluidos) debido a impulsos biológicos preprogramados. Una cosa es la necesidad y las manifestaciones de autoafirmación y autonomía, otra las actitudes de beligerancia y repudio. Estas últimas surgen indefectiblemente, de un lugar defensivo fundado en frustraciones y agresiones previamente recibidas.

Cuando nos extralimitamos hablando sobre temas para los que no estamos capacitados o para los cuales no hemos hecho el recorrido personal suficiente, corremos el riesgo de confundir y manipular a los demás, en este caso amparados por la credibilidad de la madre ciencia.

Estilos dramáticos

En la transmisión del conocimiento, los estilos dramáticos son aquellos que emplean recursos para cautivar y conmover, provocando reacciones emocionales intensas y creando escenarios extremos y sugerentes. Se trata por lo general, de planteamientos de difícil comprobación y aplicación, que carecen de una verdadera comprensión de la naturaleza humana, pero que suman una ingente cantidad de seguidores. La mayoría de estas líneas comparten elementos y recursos narrativos con la cinematografía y otras artes dramáticas. El argumento más habitual es el siguiente: Hay una lucha entre el bien y el mal (entre las energías elevadas e inferiores, entre las positivas y las negativas, entre la consciencia y la inconsciencia, etc.). La humanidad-planeta está en peligro y hay que hacer algo con urgencia (transmutación, elevación de la energía, alcanzar ciertos niveles de consciencia, abrir el corazón de la tierra...). Sólo unos cuantos "elegidos" están capacitados para tal misión (los que tengan la fe, el conocimiento o los que sigan, en definitiva, las instrucciones del "mensajero"). Para su misión, los "elegidos" han de desarrollar poderes y potenciales fuera del alcance del resto, tarea para la cual tendrán de su parte a otros seres también "especiales" (espirituales, extraterrestres, maestros ascendidos, ángeles, arcángeles...). A continuación quiero a diseccionar por separado algunos de estos elementos:

Situación límite
El Armagedón, el día del juicio final, el fin de los tiempos, la destrucción masiva de la especie humana... Las catástrofes atraen nuestra atención, entre otras cosas, porque nos conectan con el terror y la destrucción inconsciente que llevamos dentro. La situación límite despierta la alerta y el miedo, pero también la esperanza más o menos confiesa de acabar con el sufrimiento de una vez por todas, en una especie de masacre colectiva.

En un libro que lleva décadas publicándose llamado "Hercólubus o el planeta rojo", V. M. Rabolú afirma lo siguiente: "Este mensaje se lo dedico a la humanidad, como último recurso, porque no hay

196

nada más que hacer (...) Cuando Hercólubus se acerque más a la Tierra, que se ponga a la par del Sol, empezarán las epidemias mortíferas a expandirse por todo el planeta, y los médicos o ciencia oficial no conocerán qué clase de enfermedades son y con qué se curan; quedarán manos arriba ante las epidemias. (...) Lo que afirmo en este libro es una profecía a muy corto plazo, porque me consta el final del planeta, lo conozco. No estoy asustando sino previniendo, porque tengo angustia por esta pobre humanidad, ya que los hechos no se hacen esperar y no hay tiempo que perder en cosas ilusorias".

Según algunas profecías, el veintiuno de diciembre del 2012, coincidiendo con el supuesto último día del calendario Maya, habrá un cataclismo de apocalípticas dimensiones. Afortunadamente, personas autorizadas como Arlen y Diane Chase, arqueólogos de la universidad de Florida especializados en la tradición maya desde hace más de veinticinco años nos tranquilizan: "La profecía del 2012 es una construcción de los modernos seguidores del 'New Age'. El ciclo temporal maya actual finalizará en torno al año 4946 de nuestro calendario. El veintiuno de diciembre del 2012 para el calendario maya será el 13.0.0.0.1, es una fecha cualquiera sin ningún valor simbólico". Un error de cálculo que no impedirá sin embargo que miles de personas intenten, convencidas, procesar su sufrimiento utilizando esa coyuntura. De todas formas cuando pase el día podemos estar todos seguros que aparecerá una nueva fecha a la que redirigir el terror y el sufrimiento que llevamos dentro.

Los elegidos

Creerse especial frente al resto de los mortales es la fantasía por excelencia, para intentar compensar la dificultad de sentirse y reconocerse a uno mismo. Las religiones y las nuevas líneas pseudoespirituales sacan buen rédito de ello. En ellas la esperanza está depositada en la llegada de aquel que ha de liderar la salvación del planeta, el nuevo Mesías, el iluminado, el avatar de la humanidad. En ocasiones no hace falta convertirse en la encarnación del "gran elegido", ni ser su acólito directo; estar de parte del mensajero que anuncia su llegada también parece otorgar de forma automática un salvoconducto a la gloria eterna. El desarrollo de poderes sobrenaturales y el contacto con seres especiales de otras dimensiones, también acostumbra a formar parte de las cualidades reservadas a los "elegidos".

Para el escritor y "visionario" Walter Maverino nos estamos acercando a una transmutación hacia octavas superiores, hacia la iluminación masiva de grandes sectores de la humanidad; una guerra entre las fuerzas del bien y el mal con unas exigencias que sólo podrán ser satisfechas por uno de cada diez mil habitantes. Pero por si hay alguien que duda el autor advierte, "las personas que no están en este nivel de consciencia lo rechazarán".

La afición por los contactos con extraterrestres y la búsqueda de compresión en vidas pasadas, además de atender a la necesidad de reconocimiento, es otro recurso para dar sentido a la sensación de soledad y sufrimiento. Si no me he sentido amado por los míos... si siempre he albergado una sensación de ser como un extraño en mi propio hogar... ¿es mi naturaleza terrícola? ¿Llegará un día mi verdadera familia desde un planeta lejano para recogerme? ¿Podría comunicarme ahora con ellos? Si siento un sufrimiento cuyo origen no puedo ni quiero situar en mi historia familiar... ¿no podría ser que ese daño fuese el resultado de algo acontecido en otra vida? ¿Un mal que me acompaña más allá de la manera en la que fui criado y educado?

La falta de un reconocimiento profundo y sentido hacia uno mismo es un mal tristemente compartido. La mayoría tenemos arraigada de una forma u otra, la esperanza que un día ocuparemos el "trono" que nos corresponde. Megalómanos deseos las más de las veces, que ponen de manifiesto el poco reconocimiento directo y sentido recibido hacia nuestra persona, especialmente por parte de nuestros padres. Si esto hubiera ocurrido no tendríamos la necesidad de buscarlo en quimeras y rebuscadas fantasías salvacionistas que poco o nada tienen que ver con nuestro verdadero ser.

Conspiraciones

Dado que la lucha entre el bien y el mal es, desde hace siglos, nuestra trama preferida, resulta lógico que las teorías conspiratorias tengan tanto éxito. Películas, libros y últimamente toda una línea de documentales, hacen incidencia en la existencia de personas, sectas o grupos exclusivos que controlan sin escrúpulos nuestras vidas para conseguir dinero y poder. Al margen de la veracidad de estas informaciones (pues muchas tienen una base cierta), el hecho es que la atracción que genera imaginar enemigos invisibles o situados en lugares de poder, parte de la dificultad para sentir el daño sádico que llevamos dentro. Heridas recibidas por parte de figuras de autoridad allegadas, principalmente de nuestros padres. Para sobrevivir con un mínimo de estabilidad emocional y psíquica, normalizamos y reprimimos el daño que nos provoca la manipulación y el abuso infringido por las personas cercanas que decían o dicen amarnos. Este tipo de agresiones son después proyectadas hacia otras personas y grupos: jefes, empresarios, gobernantes, banqueros, magnates de los medios de comunicación... Pero esta supuesta "élite del mal" sufre la misma inconsciencia y estupidez que padecemos el resto. En su caso, la codicia y la falta de humanidad resultan mucho más evidentes, pero su poder maquiavélico no suele basarse en el sadismo sino, en todo caso, en el egoísmo y la ignorancia.

En otras ocasiones este poder malicioso se sitúa en seres invisibles y de otras dimensiones. En estos casos la posibilidad de identificar el origen de nuestro mal se diluye aún más. El diablo es y ha sido durante siglos el delegado para cumplir estas funciones. Actualmente su figura está en declive por lo que ha habido que inventar otros representantes que ocupen su lugar. Drunvalo Melchizedek es un afamado "maestro espiritual" que combina muchos estilos comunicativos mencionados en anteriores apartados (complejismos, cientifismos, simbologías y toda suerte de elementos dramáticos). Ha creado una cosmogonía ciertamente personal y elaborada en la que afirma cosas como que en los últimos trece mil años, la Gran Hermandad Blanca (maestros espirituales situados en una dimensión superior) ha trabajado con las setenta y dos órdenes para restablecer la consciencia crística; algo que podría hacer que

200

en cualquier momento la tierra ascienda de nivel. Un nuevo nacimiento universal está a punto de suceder, dice; pero también nos advierte que existen fuerzas malignas que se oponen y conspiran contra nosotros, "los grises" y ciertas razas extraterrestres son algunos de ellos.

El fantasma persecutorio de un poder malicioso se forja en un sadismo previamente sufrido e inconscientemente interiorizado.

Los estilos dramáticos nos han acompañado y nos seguirán acompañando durante mucho tiempo, porque nos conectan directa e intensamente con emociones reprimidas. La única diferencia entre las artes dramáticas (cine, teatro, etc.) y ciertas líneas de "autoconocimiento" es que, en el primer caso, nadie duda que se trata de una forma de pasatiempo con la que evadirse.

Estilos seductores

Antes de iniciar cualquier propuesta de trabajo personal necesitamos sentir una mínima certeza de que va a aportarnos una mayor calidad de vida. La información previa sobre sus beneficios es por tanto un requisito indispensable. No obstante, si la exposición de un futuro mejor se convierte en la principal baza de la ayuda, deberíamos empezar a dudar. Cuando la persuasión mediante promesas de una vida mejor suplanta el verdadero proceso de transformación, nos hallamos ante un estilo seductor.

Las descripciones de escenas idílicas resultan fascinantes, suben el ánimo y reconfortan. Al escucharlas es como si pudiéramos tocarlas con la punta de los dedos; como si ya casi... estuvieran en nuestra vida. Estas son palabras del famoso gurú Osho: "Si estás enamorado con la clase de amor de la que estoy hablando, el mismo amor ayudará al otro a su integración. El propio amor se transformará en una fuerza integradora para el otro. Con tu amor el otro se acercará más, porque tu amor le dará libertad, y a la sombra de tu amor, bajo la protección de tu amor, el otro empezará a crecer." En este caso se anticipa de forma poética la transformación de la vida de otra persona gracias a nuestro amor incondicional hacia ella. Personalmente no daría mayor relevancia a este bonito texto, si no fuese porque se trata de un autor que no profundiza en las carencias relacionales que ocasionan la dificultad para amar, ni propone por tanto, ningún proceso consistente de comprensión y restitución de las mismas.

Cuando de forma reiterada sucumbimos al encanto de planteamientos centrados en la oferta de un futuro mejor, puede resultar de ayuda preguntarse: ¿Qué es lo que realmente busco, un verdadero contacto con quien soy o la consecución de determinados ideales y futuros?

Estilos amenazantes y humillantes

Cuando en la niñez se nos educa y se nos trata desde la prepotencia y la humillación, se nos predispone a la normalización de estas formas de agresión. La ausencia de registros positivos hace que tengamos serias dificultades para detectar y cuestionar estos comportamientos. Esta perversión del sentido del cuidado hace que posteriormente, como adultos, pretendamos cuidarnos y cuidar a los demás mediante las mismas fórmulas de desprecio.

Aunque a priori los idearios sean otros, muchas líneas de Crecimiento Personal y Psicología destilan a través de las prácticas y las actitudes de sus representantes este estilo de "pedagogía dura". Bajo el pretexto de "estimular", "dar un empujón" o "ayudar a abrir los ojos" se emplean juicios y ataques. Este es un ejemplo: Juan está en un grupo de Crecimiento Personal. Lleva una temporada que le cuesta concentrarse y meditar. El guía del grupo, calladamente ofendido porque no sigue sus instrucciones, aprovecha una pregunta de éste para responderle con enmascarada severidad. Le dice que su ego lo tiene muy dominado, que eso lo mantiene en un estado de inmadurez espiritual y que debería repetir frecuentemente un mantra del perdón y la generosidad. En ningún momento se interesa en cómo vive Juan la dificultad o cómo puede estarle afectando a su práctica, la reciente ruptura con su pareja.

Las puñaladas vestidas de santidad son un perverso intento de ayuda que nos ha acompañado durante milenios. La propia religión católica se debate en una preocupante y delirante contradicción: "Dios te ama, pero será duro e implacable si no te portas bien". Portarse "bien" significa acatar y seguir los preceptos de sus representantes en la tierra; y su amenaza definitiva: pasarse el resto de la eternidad ardiendo en las llamas del infierno. Desde mi punto de vista, una contradicción tan macabra como esta sólo puede comprenderse de una manera: la religión está hecha a imagen y semejanza de las neurosis humanas. Aceptamos estas contradicciones como posibles y hasta buenas porque es lo mismo que hemos vivido con nuestros padres. El castigo y la humillación por "nuestro propio bien" es una hipócrita amenaza que atenta contra la vida. Quien bien te quiere no te hará llorar.

Por otra parte, ciertas teorías y procedimientos de apariencia psicológica, se asientan en la creencia que el origen de los conflictos internos reside en una voluntaria negativa de las personas a ser "felices", "libres", "maduras", etc. Una obcecada e inherente resistencia a sentir el bienestar. Desde este lugar, la penitencia, la humillación y la confesión son los actos idóneos para la redención.

Lorenzo se considera así mismo un hombre de inclinación humanista. Siempre que puede intenta ayudar a la gente de su entorno, incluso aunque éstos no se lo pidan. Su manera de ofrecerse consiste en decir a los demás lo que deberían hacer. Cuando ve que no hay los resultados que él espera empieza a desvelarse una parte más sombría. Sus buenas maneras se convierten en juicios y recriminaciones que no se atreve a expresar de forma directa a la persona, pero que comparte animosamente con sus allegados: "Lo que le pasa es que no quiere estar bien. Lo que quiere es seguir hundida en su miseria, con sus vicios y sus quejas. Pasa de mis consejos porque la verdad duele".

Para muchos maestros, gurús y terapeutas, herir de manera deliberada el "narcisismo" o la "importancia personal" (como también se le llama) es un lícito acicate para lograr el cambio. Por lo general se trata, sin embargo, de actos de prepotencia que no abordan el fondo del problema.

Estas son las palabras de un terapeuta de una línea de psicología supuestamente profunda e integradora: "El mecanismo de defensa sirve para no ver el interés egoísta y no sentirse tan culpable. Es una válvula de escape. La cuestión a ver es cuánta energía ponemos para esconder la mentira". Según esta definición, los mecanismos de defensa sirven para evitar tomar consciencia de nuestra maldad. ¿Qué sentido tiene pues conocer y aflojar las defensas, si lo que vamos a encontrarnos es una esencia miserable y embustera? Toda defensa sirve para protegerse de un ataque. Nuestra estructura defensiva del carácter es una solución adaptativa que nos permitió subsistir ante la agresión, y desde la cual seguimos sobreviviendo. Su función no es ocultar el egoísmo, sino el dolor y nuestras maltratadas necesidades afectivas. Es una forma de protegerse, no una válvula de escape.

Aunque aparentemente irrelevantes, estas diferencias teóricas llevan a observar, hipotetizar y dar relevancia a un tipo determinado de hechos y a dejar otros de banda. Marcan diferentes caminos y formas de trabajo, en ocasiones, opuestas.

Por ello, más allá de las etiquetas que cada profesional se arroga, para conocer y asegurarnos hacia qué dirección apunta cada propuesta, es fundamental que indaguemos y preguntemos directamente a quien nos atiende. Que nos explique cuál es su concepción sobre la naturaleza y la evolución humana, cómo entiende los procesos de transformación y cuáles son sus principios terapéuticos. Si coincidimos en los valores fundamentales, las posibilidades de que la ayuda nos resulte beneficiosa se amplían.

EL EFECTO PLACEBO

El efecto placebo es un fenómeno tan interesante como desconcertante. Se trata de la mejoría en el estado de salud gracias a la administración de un tratamiento o sustancia sin ninguna propiedad médica. Una mejora que no puede atribuirse a la evolución natural de la patología, y que puede igualar o incluso superar a la obtenida con otros tratamientos presuntamente efectivos. Por consiguiente, para poder asegurar que los efectos curativos son debidos a la terapia o a la medicina en cuestión, su influencia debe ser tenida en cuenta. El procedimiento más riguroso para descartarla es el denominado de "triple ciego". Consiste en un estudio donde ni los pacientes, ni el personal sanitario, ni los analistas que trabajan con los datos obtenidos, saben a quien se le ha administrado la medicina y a quien el placebo.

Su efecto "curativo" es tan notorio y frecuente que para las empresas de la industria farmacéutica, sedientas de resultados con los que amortizar sus ensayos y obtener prontos beneficios, realizar dicha contrastación supone en ocasiones, un auténtico quebradero de cabeza. Como ejemplo destacable quiero citar un estudio publicado por el departamento de Psicología de la Universidad de Hull de Inglaterra, sobre algunas importantes empresas del sector de los ansiolíticos, y en el que han participado un grupo independiente de expertos de diferentes países. Además de poner de manifiesto la deliberada ocultación de datos por parte de las empresas farmacéuticas, han llegado a la conclusión que no está demostrada la eficacia de los antidepresivos de nueva generación, entre ellos el Prozac (fluoxetina) y el Seroxat (paroxetina). Los únicos datos de efectividad se sitúan en los casos de depresión muy grave.

Quiero comentar como hecho destacable y a colación de este estudio, que en España se han triplicado el consumo de estos medicamentos en los últimos diez años, alcanzando cifras exorbitantes. Según el informe europeo facilitado por Patrick Sobocki (profesor de la Escuela de Economía de Estocolmo), el tratamiento en España para la depresión asciende a 23.000 millones de euros, con un gasto medio por paciente entre los 4.200 y los 6.900 euros al año. La dudosa efectividad de los tratamientos farmacológicos pone en evidencia una vez más, la necesidad de apostar e invertir más en programas de prevención y apoyo psicológico.

El médico y el entorno hospitalario siguen siendo los referentes de la salud por excelencia. En este ambiente, el efecto placebo es potenciado por factores como los protocolos, los uniformes, la instrumentación, los diagnósticos, el tamaño, el color y la forma de los medicamentos, etc. Pero... ¿Qué sucede en el campo de las terapias alternativas? En muchos casos volvemos a encontrarnos una fuerte e incluso mayor presencia de dicho efecto.

Trabajar con y desde aspectos más intangibles (emociones, pensamiento, energía...) no significa que no deban existir criterios que garanticen la fiabilidad de las propuestas; de lo contrario al final todo es susceptible de venderse como panacea universal. Desde la ausencia de contrastación y rigor corremos el riesgo de huir decepcionados de los brazos de la medicina convencional, para acabar cayendo en manos de dudosas propuestas pseudomágicas vestidas de supernovedad. La franja que delimita lo "alternativo" de la palabrería, la superstición y la demagogia es muy fina.

En la esfera de lo alternativo y lo paranormal se ofrecen cientos, miles de tratamientos y productos de apariencia milagrosa... Me pregunto cuántos de ellos pasarían una simple prueba de calidad para descartar la influencia del efecto placebo.

La medicina carece de profundidad comprensiva sobre el origen de la enfermedad y sus efectos secundarios son evidentes, pero no podemos negar que la autoexigencia que ellos mismos se imponen es mucho mayor que la que impera actualmente en la medicina alternativa. Por poner un ejemplo (y sin entrar en valoraciones, pues no dispongo de la capacitación suficiente al respecto), en España la homeopatía está exenta desde el 1994 de la demostración exigida para el resto de medicamentos (como la ley 29/2006 de garantías y uso de los medicamentos y productos sanitarios, y el Real Decreto 1345/2007 que obliga a la demostración de la eficacia de cualquier tratamiento para autorizar su comercialización); una medida excepcional conseguida entre otras cuestiones, por la presión de la industria homeopática; un negocio cuya multimillonaria facturación crece año tras año.

Cierto es que dadas las diferencias filosóficas y metodológicas existentes entre la medicina convencional y los enfoques alternativos, en algunos casos, intentar aplicar el mismo criterio para evaluar la validez de los tratamientos podría resultar inadecuado, y conllevaría un recorte y un empobrecimiento de las opciones a nuestro alcance. Ante la necesidad de una valoración diferenciada se impone una pregunta a resolver: ¿Cuál es el criterio de calidad y fiabilidad a seguir en el campo de la salud alternativa? Desde luego es un tema importante a desarrollar en los próximos años, si queremos evitar la entrada en una fase de oscurantismo postmoderno.

El efecto placebo en las terapias alternativas

Si partimos de la base que la influencia del remedio físico o energético es cuestionable en muchos casos, ¿qué hace que ese tratamiento, terapia, producto, pastilla o remedio milagroso tenga más o menos efecto? La repuesta tenemos que buscarla en: quien te lo da, donde te lo da y como te lo da.

So pena de deshacer el hechizo, considero que los que aspiramos no sólo a una mejora sintomática, sino también a una transformación más profunda y duradera, hemos de atrevernos a distinguir y estudiar los factores que realmente nos llevan a estar más sanos. Diseccionaré a continuación algunos aspectos que ayudan a tener una comprensión más amplia del tema.

El poder de la persuasión

La persuasión y la sugestión son elementos fundamentales para entender por qué funcionan ciertas terapias o productos. Los orientalismos, la atribución de una relación directa con la física cuántica, la asignación de propiedades ecológicas y biológicas, o la influencia de "energías sutiles o vibracionales", por ejemplo, son algunos conceptos y lenguajes seductores que imperan en la actualidad.

Las explicaciones cobran su máximo efecto sugestivo cuando contienen elementos con los que nos sentimos identificados, y logran, a su vez, desviar la mirada de las zonas dolorosas del alma. Una vez que estas explicaciones han calado en la persona, se convierten en una especie de verdad inapelable que parece justificar cualquier tipo de conclusión, por muy descabellada que ésta sea.

Maite acude a un terapeuta alternativo en busca de ayuda para un problema físico. Después de realizarle un protocolo de mediciones quinesiológicas y unas cuántas preguntas, le dice que su problemática proviene de un exceso de tensión debido al miedo y a su dificultad para sentir la feminidad, y que detecta también una afectación del hígado causada por un desequilibrio entre su energía yin y yang. Explicaciones que para ella tienen cierto sentido y en las que se reconoce. El terapeuta, le ofrece a continuación una serie de productos, entre ellos, una botella de agua cargada con "vibraciones sanadoras" que la ayudarán a despejar todas sus dudas y conflictos entorno a la maternidad. Aunque un tanto extrañada, Maite sale de la consulta ilusionada con la posibilidad que esas gotas surjan efecto. Pero las semanas pasan, ella se ha bebido todo el agua, y sus problemas siguen… donde estaban.

Desde el deseo tendemos a creer que por el hecho de identificar y describir síntomas, el terapeuta o especialista ya tiene per se, la capacidad de sanarnos.

Las explicaciones directas y sencillas, independientemente de su veracidad, tranquilizan y calman la confusión interna. El discurso persuasivo nos hace creer en la existencia de un orden. Aunque sólo sea momentáneamente, dejamos de desesperar y encontramos un aliento que nos reconforta.

El peligro de estas prácticas sugestivas no reside tanto en el ejercicio o el producto suministrado, que por lo general no tiene efectos secundarios (ni tampoco primarios) sino en el hecho que muchas veces, nos mantienen alejados de posibilidad de una comprensión más profunda del origen de nuestro malestar. Enmarañan, desorientan y entorpecen la posibilidad de acceder a un trabajo más adecuado.

El poder de la autoridad

La tendencia más extendida a la hora de buscar ayuda es la de encontrar a alguien capaz de erradicar el malestar y sufrimiento, y no tanto la de encontrar a quien nos ayude a ponernos en contacto con nosotros mismos. Consciente o inconscientemente mucha gente aprovecha esta tendencia y se arroga todo tipo de poderes transformadores. En este sentido, para crear adeptos, la maniobra magistral consiste en atribuirse un milagro, porque... ¿quién no querría ser curado por arte de birlibirloque? Sin más. Sin tener que preguntarse el porqué de su sintomatología. Las ofertas florecen por doquier alimentadas por nuestra ansia de soluciones mágicas. Este es un anuncio promocionado por una revista del campo de la "salud alternativa": "Sanador con rayos x en los ojos y último profeta durmiente realiza por primera vez en España sanaciones en estado de trance profundo. Aprovecha esta oportunidad única y aprende a lograr también sus cuatro dones de clarividencia, clariaudiencia, clarisensibilidad y pensamiento intuitivo; y recuerda: La sanación más importante tiene lugar a nivel espiritual".

Certificar altos niveles de consciencia y sabiduría son actualmente las grandes marcas "del poder sanador", y la cuestión es que... en ocasiones los síntomas remiten. ¿Por qué? Como la mayoría de nuestros males están anclados en una desconfianza acérrima debido a las reiteradas experiencias de desencuentro con las personas, al efectuar ese gesto de mínima confianza que requiere dejarse ayudar, nos aflojamos. Al dejarnos ir disminuye transitoriamente la presión defensiva que generan los síntomas, favoreciendo la autorregulación y la salud del organismo.

Evidentemente, al margen de los medios empleados, toda mejora es deseable, pero atribuir el poder transformador a la figura del sanador tiene también sus propios efectos secundarios. Aunque en estos casos no haya prospecto, creo que es bueno saberlos para poder decidir con mayor conocimiento de causa.

Amalia hace tiempo que acude a un gurú orientalista. Durante las sesiones cada persona del grupo tiene opción de hacer una pregunta al maestro. Ella acostumbra a pedirle consejo para mejorar su estado de salud y su autoestima. Él le señala sus imperfecciones para llegar a trascender la dualidad; le habla de su egocentrismo y su falta de consciencia, de la necesidad de entregarse, agradecer y disfrutar todo lo que hace. En realidad lleva años repitiéndose las mismas consignas; oscilando entre una sensación de euforia cuando se vive espiritual y especial para su maestro, y de impotencia al

213

darse cuenta que no puede hacer lo que se propone. Si miramos su historia personal comprobamos que de hecho, esta sensación es la misma que marca la relación con sus padres: un malestar causado por unos padres autoritarios y distantes, y una necesidad de aprobación y acogida que nunca llega.

Amalia sigue dependiendo del mismo estilo de ayuda; aferrada a personas inaccesibles. Atrapada en un entorno de idolatrías e ideales que la devuelve una y otra vez a la misma sensación de soledad, agotamiento y autocondena que arrastra desde pequeñita.

El mal uso de la autoridad paterna y materna quebranta la libertad y la fuerza de los hijos. Los deja presos de una dependencia irresuelta que lleva inconscientemente, a buscar ayuda y aprobación en nuevas figuras de autoridad. Por eso, para recuperar el equilibrio, la salud y la autonomía, necesitamos personas que dignifiquen la confianza que en ellos depositamos.

Existe una forma de ejercer la autoridad que no se basa en la impostación ni la imposición, sino en el trato de persona a persona. Una autoridad sin autoritarismo que tiene claros sus propios límites y que apoya sin suplantar.

Movilización del inconsciente
Las técnicas que inducen catarsis o provocan reacciones emocionales intensas, hacen que afloren y se descarguen tensiones asociadas a conflictos internos inconscientes.

Juanjo lleva tiempo estresado y sufre dolorosas migrañas; el tratamiento médico no le ha funcionado como esperaba, motivo por el cual decide acudir a un sanador que le han recomendado. Al poco de empezar, éste le pide que se estire en la camilla y cierre los ojos. Empieza a sentir miedo, no le tiene suficiente confianza pero obedece. El sanador le pone unos objetos repartidos por su cuerpo y va realizando unos chasquidos de forma intermitente y sin orden aparente. Sus sentidos están alerta, nota escalofríos y una especie de aturdimiento en los oídos. Cuando sale de la consulta se siente presente y despejado. El dolor de cabeza es muy tenue; la mejoría le dura algunos días, hasta que el dolor vuelve a reaparecer, esta vez en las cervicales.

A priori podríamos pensar que el efecto ha sido debido a las extrañas maniobras, pero conociendo a la persona me atrevo a aventurar otra posible explicación: Juanjo está en un proceso de separación y sus migrañas tienen que ver con un temor inconsciente a ser rechazado y agredido; el tratamiento ha hecho aflorar el miedo durante la sesión, liberando un poco la tensión y el malestar, y aliviándolo de forma momentánea.

Este es otro ejemplo: Ernesto hace años que sufre horribles dolores de espalda que lo incapacitan para efectuar muchas tareas y movimientos. Absolutamente desesperado y habiendo contemplado incluso la posibilidad del suicidio, escucha de la existencia de un método que se realiza en un país extranjero, consistente en una manipulación ósea de apariencia milagrosa. Haciendo acopio de sus últimas fuerzas, alterado y solo, se dirige al lugar con el firme convencimiento que es su última oportunidad. Tiene miedo, pero aún y así se pone en manos del prestigioso terapeuta. El resultado no tarda en aparecer. A las pocas horas empieza a notar una disminución sorprendente del dolor y se halla así mismo en un estado de tranquilidad y claridad excepcional.

La maniobra quiropráctica parece haber obrado un milagro, pero ¿Qué es lo que ha sucedido realmente? Su agarrotamiento también estaba asociado a un estado de alteración psíquica y emocional; a una desconfianza radical. A parte de desbloquear esa parte de su cuerpo, con ese gesto de apertura y entrega hacia el especialista, también desbloqueó el conflicto inconsciente de fondo. Ahora bien... ¿Se mantendrá este efecto a medio y largo plazo? Eso no lo sabemos, pues Ernesto no ha realizado ningún trabajo para tomar consciencia y afrontar su desconfianza de fondo.

En esta clase de intervenciones indirectas la comprensión del origen del problema vuelve a quedar velada. Desde aquí corremos el riesgo de creer que el responsable de la mejoría es el profesional o la técnica en sí misma, creando una dependencia hacia gurús y "fórmulas mágicas".

Existen muchas técnicas chamánicas y rituales modernos que actúan de este modo. Algunos son recetados con conocimiento y premeditación, como los actos psicomágicos de Alejandro Jodorowsky, otros desde la pura intuición del oficiante.

Al igual que en los sueños, los actos simbólicos impactan con fuerza a nivel emocional y permiten la movilización momentánea de la energía bloqueada. Pero buscar el impacto, la confrontación o la provocación de determinadas reacciones emocionales puede violentar a la persona y producir el efecto contrario, retrayéndola y reafirmándola en su bloqueo defensivo.

Rosa acude a una sesión organizada por un chamán para mejorar ciertos problemas de salud. El sanador y dos ayudantes más se encierran en una sala para realizar una limpieza de aura empleando "espadas energéticas" y otros elementos simbólicos. El ejecutante le advierte que tiene unos "gusanos energéticos muy poderosos alojados en la zona sexual". Ella empieza a sentirse alterada, pero ellos insisten en la necesidad de continuar con el trabajo de limpieza. Realizan gestos bruscos a su alrededor y siguen instándola a tranquilizarse. Unos minutos más tarde, la mujer empieza a chillar y convulsionarse y sale corriendo de la sala. Durante los posteriores días se encierra en su casa con una paranoia severa. Ha sufrido un brote psicótico.

Los curanderos han movilizado sin saberlo, un trauma de abuso sexual. La falta de sensibilidad y la ausencia de capacidad para contener y dar sentido a lo sucedido, ha dejado a Rosa en una situación desestructurante de terror y desamparo.

Mientras me cuido no me maltrato
Teniendo en cuenta que muchos de nuestros males se anclan en algún tipo de daño relacional, pedir ayuda es un gesto de confianza que resulta liberador en sí mismo. Por otra parte, mientras ponemos la energía, el esfuerzo y el tiempo en cuidarnos, no nos maltratamos. Puede parecer una afirmación de Perogrullo, pero dada la descomunal tendencia al automaltrato que profesamos, éste es sin duda, un factor a tener en cuenta.

Cada vez que paramos nuestros quehaceres cotidianos y nos tomamos un rato para hacer un tratamiento o tomar una medicina, creamos un pequeño ritual donde recordamos y nos reafirmamos en el intento de cuidarnos; volvemos a concienciarnos del objetivo de estar mejor y nuestra actitud cambia durante unos instantes; estamos más presentes. Mientras hacemos algo concreto por y para nosotros, detenemos la lucha interna y dejamos de culpabilizarnos.

Efecto inicial de mejora

Al margen de los efectos reales y positivos propios de cada tratamiento, si el profesional se comporta de una manera mínimamente sensible y respetuosa, acostumbra a darse un efecto inicial de mejora. El simple hecho de sentirnos atendidos y escuchados refuerza la autoestima. Pero por lo general, esta rápida recuperación acaba alcanzando su cenit. A partir de ahí, si queremos abordar la raíz de la problemática necesitamos algo más que sentirnos bienvenidos. Cuando el empellón inicial entra en declive han de ponerse en marcha otros factores.

Por supuesto no siempre tenemos porque profundizar en lo que nos pasa, pero si queremos actuar responsable y coherentemente, necesitamos saber qué factores influyen en nuestra mejora y también cuales son sus límites. Conocer esto ayuda a situarse y no llevarse a engaño. Saber cómo y porqué actúan los diferentes tratamientos nos evita ir pasando desorientados, de terapia en terapia.

¿Qué cura realmente?

Como hemos visto, en las terapias alternativas el efecto placebo puede explicarse muchas veces por la actuación de diferentes influencias, que por lo general actúan de forma conjunta y subliminal. Desde mi punto de vista, si los profesionales queremos mejorar la calidad de la ayuda que ofrecemos, necesitamos ante todo un compromiso de claridad y veracidad. Sin rodeos, sin artificios, sin dar gato por liebre. Tenemos que dotar a las personas de elementos suficientes para que puedan decidir con conocimiento de causa.

La mayoría de nuestras enfermedades, como hemos ido viendo a lo largo del libro, son fruto de un desequilibrio entre los diferentes aspectos del ser; de una fragmentación interna que radica a su vez, en la dificultad para sentir el amor. Así pues, si lo que nos enferma es la agresión y la carencia afectiva, es lógico que cuando nos sentimos cuidados nuestros síntomas se vean mitigados.

Desde que estamos en la placenta nos guía la búsqueda del placer. Curiosamente, la palabra "placebo" proviene del verbo latino "placere", que significa "complacer", desvelando que dicho efecto se nutre siempre y en mayor o menor medida, de los gestos implícitos de atención y cuidado que recibimos. El daño ungido en las relaciones necesita ser expresado y resarcido en el consuelo del calor humano. El veneno y el vacío que nos enferma se sana en y desde las relaciones.

Personalmente considero que la evolución venidera en el campo de la salud dependerá de la valentía y el compromiso con el que encaremos el estudio de estas cuestiones. Sin esta base, los avances técnicos y la aparición de nuevos remedios, ya sean convencionales o alternativos, alargaran nuestra existencia pero no la calidad de vida.

CONSIDERACIONES FINALES: UNA PSICOLOGÍA PARA EL NUEVO MILENIO

En la educación siguen imperando ciertos lemas: los niños tienen que espabilarse pronto por sí mismos; dejar de necesitar la presencia de los padres cuanto antes; destetarse y dormir solos a los pocos meses, ir enseguida a la guardería, acostumbrarse a no llorar ni enfadarse frente a las frustraciones; aprender a aguantarse y a hacer buena cara... Si lo miramos con detenimiento, nos daremos cuenta que gran parte de nuestras refinadas filosofías y directrices psicológicas están embebidas en estas tempranas e interiorizadas imposiciones represivas. En el Crecimiento Personal y en muchas líneas de Psicología, esta tendencia puede identificarse en el aguerrido afán por lograr un estado interno donde no haya que necesitar nada de nadie; que lo que los demás nos digan o hagan no nos afecte; construir una personalidad fuerte e invulnerable a las influencias externas... Pero tras la solitaria búsqueda de uno mismo a menudo se esconde un terror a sentir las necesidades afectivas, y con ellas, también, el daño y el desamparo que encerramos dentro. La reticencia a entrar en estas zonas es comprensible, pero si queremos dejar de actuar de forma patológicamente dependiente hemos de reconciliarnos con el aspecto sano y natural de la dependencia. Si obviamos la parte que necesita de los demás, renunciamos precisamente a lo que nos identifica como seres humanos.

Nuestra principal fortaleza como especie radica en la comunicación, el intercambio y la cooperación.

En el campo de la Psicología existe una evolución lenta pero progresiva. El movimiento del Crecimiento Personal ha puesto al alcance de todos la posibilidad de preguntarse y cuestionarse temas de vital importancia. Pero como hemos ido viendo a lo largo del libro, la falta de una buena base sobre el desarrollo humano deviene en planteamientos a menudo superficiales y evasivos.

Una comprensión evolutiva

Me alienta contemplarnos como una especie que avanza de forma paulatina hacia un lugar de mayor respeto y comunión; hacia una expansión en la capacidad para percibir, comprender y sentir.
Para entender la complejidad de la experiencia humana hay que tener en cuenta de dónde venimos, pero también y sobre todo hacia donde nos dirigimos. Una comprensión evolutiva y sistémica ayuda a comprender y ponerse en paz con nuestras aparentes incoherencias y locuras; a reconocer y aceptar que desde las defensas psicocorporales amamos a medias, y que con todo este amasijo de contradicciones internas, el cuerpo actúa como un equilibrista que hace... lo que puede.
Asumir los actuales límites como personas y como especie nos libera de sobreesfuerzos estériles y omnipotentes pretensiones. Priorizar el fondo sobre las formas, y la honestidad por encima del

efectismo y los ideales, ayuda a vivir de forma más sentida y responsable nuestro paso por este mundo.

Si bien es cierto que desde un orden transpersonal todo sigue un "orden perfecto", también lo es que desde la dimensión humana hay cosas que no son favorables ni buenas para el despliegue de nuestros potenciales. Desde mi punto de vista, la Psicología no debe sucumbir al imperante y seductor "relativismo", utilizado tan a menudo para ocultar confusiones y apartar la vista de agresiones e irresponsabilidades. Tenemos, en este sentido, muchos desafíos pendientes, aunque entre todos ellos yo destacaría uno: evidenciar y posicionarnos con firmeza frente aquellos comportamientos que obstruyen o se oponen al desarrollo y la expresión de las personas, y en especial de los más indefensos, los niños.

Para subsanar los daños padecidos durante el proceso de vinculación y transitar las "zonas oscuras del alma", necesitamos relaciones de ayuda desde las que reconectarnos positivamente a la vida. Recibir respuestas amorosas que favorezcan la evolución. Escucha, respeto, cercanía, honestidad, confianza y una buena comunicación.
Nuevos y luminosos horizontes externos e internos nos aguardan. Nuestro destino personal, comunitario y biológico lo escribimos a cada paso, entre todos, con cada decisión.